古典文獻研究輯刊

十五編

潘美月・杜潔祥 主編

第 5 冊

張九齡年譜新編

熊飛 著

國家圖書館出版品預行編目資料

張九齡年譜新編／熊飛　著 — 初版 — 新北市：花木蘭文化出版社，2012〔民101〕

目 2+164 面；19×26 公分

（古典文獻研究輯刊 十五編：第 5 冊）

ISBN：978-986-254-988-9（精裝）

1.（唐）張九齡　2. 年譜

011.08　　　　　　　　　　　　　　　　101015060

ISBN-978-986-254-988-9

9 789862 549889

古典文獻研究輯刊

十五編　第 五 冊　　　　　　ISBN：978-986-254-988-9

張九齡年譜新編

作　　者	熊飛
主　　編	潘美月　杜潔祥
總 編 輯	杜潔祥
企劃出版	北京大學文化資源研究中心
出　　版	花木蘭文化出版社
發 行 所	花木蘭文化出版社
發 行 人	高小娟
聯絡地址	新北市永和區中正路五九五號七樓
	電話：02-2923-1455／傳眞：02-2923-1452
網　　址	http://www.huamulan.tw 信箱 sut81518@gmail.com
印　　刷	普羅文化出版廣告事業
初　　版	2012 年 9 月
定　　價	十五編 26 冊（精裝）新台幣 42,000 元

張九齡年譜新編

熊 飛 著

作者簡介

熊飛，本名熊賢漢，武漢市江夏（原武昌縣）人。華中師範大學中文系畢業，即分配在高校任教。1997 年被評聘為教授。長期從事古代文史教學研究工作，擔任過現代漢語、文藝理論、古代文學、文獻學等專業課程的教學，曾被評為校「十佳教師」。1999 年獲全國高等師範院校曾憲梓獎三等獎。科研也獲得較大成績，參加了國家級科研課題《新編全唐五代詩》的編纂工作，主持了省教委社科重點科研課題三項。在《辭書研究》、《學術研究》、《敦煌研究》、《北師大學報》、《文獻》、《中國書法》、《中國典籍與文化》等數十家刊物發表論文百篇。近年從事唐代文化名人張九齡、張說研究與其文集的整理工作，已經出版了《懷素草書與唐代佛教》（香港教育出版社，2005）、《張九齡集校注》（85 萬字，中華書局，2008）等多部著作。《張說文集校注》也與中華書局簽訂了出版合同。其對盛唐「二張」的基礎研究，走在學界前列，在國內及港澳臺地區產生了較大影響。

提　　要

　　張九齡是唐代傑出政治家、思想家、文學家，素有「嶺南一人」之稱，其《曲江集》亦被稱為「嶺南第一名集」。政治上，張九齡為開元名相，是與唐玄宗一道續寫開元盛世的著名政治家；文學上，張九齡前承「四傑」及張說、陳子昂的革新傳統，把唐代文學導引到正確的發展軌道，後開「清淡之派」先河，王孟李杜的輝煌，與張九齡等前輩的大力鋪墊是分不開的。

　　本譜是作者充分利用自己多年從事唐代文史研究和整理《曲江集》的資源，在何格恩《張九齡年譜》與《張曲江詩文事蹟編年考》基礎上編成。本譜一是糾正了《何譜》及《何考》等張九齡研究領域的明顯錯誤，二是理清了張九齡生平仕歷中的一些缺環，三是充實了較為豐富的唐代政治歷史研究資料，四是弄清了張九齡交遊中的一些人事關係，五是將作品最大限度地作了系年。本譜應為治唐代文史之學者案頭必備之工具。

目次

張九齡，字子壽，一名博物

徐浩《唐尙書右丞相中書令張公神道碑》（集本附，以下簡稱《徐碑》）：

「公諱九齡，字子壽，一名博物。」

《舊唐書·張九齡傳》（中華本，以下簡稱《舊傳》）：

「張九齡，字子壽，一名博物。」

《新唐書·宰相世系表》（中華本，以下簡稱《新表》）：

「張九齡，字子壽，相玄宗。」

《新唐書·張九齡傳》（中華本，以下簡稱《新傳》）：

「張九齡，字子壽。」

四代祖守禮，隋鍾離郡涂山令（丞？）

《徐碑》：「四代祖諱守禮，隋鍾離郡涂山令。」

蕭昕撰《殿中監張公（九皋）神道碑》（《文苑英華》卷八九九，《全唐文》卷三五五錄此碑作《唐銀青光祿大夫嶺南五府節度經略採訪處置等使攝御史中丞張公神道碑》，以下簡稱《蕭碑》）：「高祖守禮，隋鍾離郡涂山令。唐《宰相世系表》作「令」。張九皋爲九齡之弟，見《宰相世系表》。《徐碑》言：「公仲弟九皋……季弟九章」。張九齡《謝兩弟授官狀》言：「伏奉昨二十日恩命，授臣弟九皋殿中大監、九章太子司議郎。」

二碑均言張守禮官隋鍾離郡涂山令，但《新表》卻言：「守禮，隋涂山丞。」楊承祖《唐張子壽先生九齡年譜》（以下簡稱《楊譜》）：「新表令作丞，蓋誤。」

張守禮是官涂山令還是涂山丞，待考。

曾祖父君政，唐韶州別駕。

《徐碑》：「曾祖諱君政，皇朝韶州別駕。」《蕭碑》同。

《舊傳》：「曾祖君政，韶州別駕。」

《新表》：「君政，韶州別駕。」

《元和郡縣志》（以下簡稱《元和志》）卷三五：「武德四年，平蕭銑，重於此置番州。貞（觀）元年，改爲韶州，復舊名也。」故張君政爲唐韶州別駕，應在貞觀元年（公元627）後。

祖父子冑，越州剡縣令

《徐碑》：「大父諱子冑，越州剡縣令。」

《蕭碑》：「祖子冑，皇朝越州剡縣令。」

《新表》：「子冑，剡令。」

《剡錄》、《會稽志》（宋施宿等撰）均言：「唐張子冑，剡令。」

父弘愈，新州索盧縣丞。以子貴，贈太常卿、廣州刺史

《徐碑》：「烈考諱弘愈，新州索盧丞。贈太常卿，廣州都督。」

《舊傳》：「父弘愈，以九齡貴，贈廣州刺史。」

《新表》：「弘愈，索盧丞。」

《蕭碑》：「烈考宏愈，皇朝太常卿、廣州都督。」「宏」當作「弘」，太常卿、廣州都督二職都是贈官，非實職，《蕭碑》誤，應以《徐碑》等爲是。

唐韶州曲江縣（今屬廣東省韶關市）人

《楊譜》：「韶州曲江人。……《舊傳》云：『家於始興，今爲曲江人。』」似若祖居始興，後遷曲江。……其題始興郡者，蓋用州之古稱，言州非言縣也。《舊傳》云：『家於始興』，蓋亦如之。」

關於張九齡籍貫，有曲江、始興（二縣今均屬韶關市）、范陽三説。下略加辨證。

其先世爲范陽方城（地在今河北固安縣西南）人，范陽應爲其郡望而非籍貫

唐徐安貞撰《唐故尚書右丞相贈荆州大都督始興公陰堂誌銘》（張九齡墓掘出，以下簡稱《徐銘》）：「公姓張氏，諱九齡，其先范陽人。四代祖因官居此地」，遂爲韶州人。《徐碑》也説：「其先范陽方城人。」唐宜城王士源《孟浩然集序》亦言：丞相范陽張九齡……率與浩然爲忘形之交。張九齡撰《源夫人墓誌》自稱：「范陽張九齡」（《唐代墓誌彙編》上開元〇三〇）。

《楊譜》：「其先范陽人也。」

唐人喜以郡望相稱，故此處「范陽」應爲九齡郡望。《四庫提要》等

以作范陽爲誤，恐未深考。說見傅璇琮《唐代詩人考略·孟浩然》（中華書局《文史》第八輯）。

《晉書·地理上》：「范陽國，漢置涿郡，魏文更名范陽郡，武帝置國，封宣帝弟子綏爲王，統縣八，戶一萬一千。涿、良鄉、方城、長鄉、道、故安、范陽、容城。」范陽爲漢諸侯國名，方城爲其所屬八縣之一。

張九齡祖上早就離開了范陽方城，而南遷到了「江表」

《蕭碑》：「公諱九皋，其先范陽人也……晉末以永嘉南渡，遷於江表」（《英華》卷八九九）。

「江表」是一個大的地域概念，不是具體地名；其地到底是指哪裡，要作具體分析。《三國志·魏志》：魏文帝黃初三年「五月，以荊、揚、江表八郡爲荊州，孫權領牧故也。荊州江北諸郡爲郢州。」這裏提到了「荊、揚、江表八郡」，且是與「江北諸郡」比併而出，顯指長江以南各郡。其地大約指今江、浙和江西、安徽、兩湖長江以南地。也就是三國時東吳孫權所佔有的廣大地區。

揚州廣陵郡之南康，是張九齡祖上南移之地

張九皋生前兩封南康，死後朝廷追贈揚州廣陵郡大都督府長史，其意都是一樣的，就是要表明「首丘歸本」之意。而且這兩個地名，實際所指均爲一地，即范陽張氏南遷的「江表」之地，也就是張九齡、張九皋的祖籍所在地。爲什麼一地異名，這與古代政區變化有關。

南康爲古揚州之地，西晉時是揚州所領十八郡之一，它原是從漢淮南郡分出豫章郡，又從豫章郡分出廬陵郡，從廬陵郡分出廬陵南部，再由廬陵南部改名南康郡的（《晉書·地理志》下）。所以，張九齡祖上晉末南遷的「江表」，小而言之，爲晉揚州所領十八郡之一的南康郡；大而言之，就可以說是揚州廣陵郡了。張九皋封南康與唐明皇追封揚州廣陵郡，實際所指一地，只不過一是就小地域言之，一是就大地域言之罷了。

順便說一句，張九齡首封曲江，似也寓有雙層意義：一是指韶州之曲江縣，他的新籍貫，這是人所共知的；其實，「曲江」一名，還應寓

有與揚州的深層關係，漢枚乘《七發》：「將以八月之望，與諸侯遠方交遊兄弟，並往觀濤乎廣陵之曲江。」是曲江亦為廣陵（揚州）所有。

始興縣為張九齡祖籍

從張九齡的封爵看，先後兩封始興縣。如果說封爵寓有「首丘歸本」之義，則始興縣看來也是張九齡的「本」之一，也就是說，始興縣也是他們家源出之地，且是被看作比曲江縣更為重要的「本」。

張九齡生前確曾在始興縣居留，張九齡《曲江集》中，曾多次出現「始興」這個地名：《秋晚登樓望南江入始興郡路》、《始興南山下有林泉，常（嘗）卜居焉，荊州臥病，有懷此地》、《南山下舊居閒放》（卷三）、《自始興溪夜上赴嶺》（卷四）。這幾首詩，除第一首《秋晚登樓望南江入始興郡路》明確標出了「始興郡」而不是始興縣外，其它兩首似都指的是始興縣。而《南山下舊居閒放》的「南山」，亦即同卷中的「始興南山下有林泉，常（嘗）卜居焉」的南山。這些，似乎都說明張家當時與始興縣的確有某種關係。李世亮《張九齡年譜》（以下簡稱《李譜》）稱，《始興縣志》今存最早版本明嘉靖十六年丁酉本，亦云張九齡為始興縣人。清乾隆十六年始興縣知事胡世科也說：「余少讀唐史，閱文獻公之《金鑒千秋》，想見曲江風度，亦謂公固曲江人物也；今奉簡節，來蒞茲土，數閱縣乘，乃知公固產始興清化鄉，其宅居舊巷，現在桂山之下」（《重修文獻公祠》引）。李先生並說他在始興縣清化鄉石頭塘村看到了張氏子孫張祥剑保存的《張氏族譜》，譜以張居（應為君之誤）政為始祖，張九齡為四世祖，至前國民黨將軍張發奎為 41 代。譜中說自張君政留居曲江後，至九齡之父張弘愈，始遷始興清化鄉，定居於今隘子公社湖灣大隊（按：今屬隘子鎮上湖灣村）之桂山上，桂山上舊祠仍在。本人通過研究，結論與此恰恰相反。

始興是張九齡祖籍，與說「南康」所指為同一地──南鄉

張九齡有一個「舊居」在當時的始興縣，他也確曾有一段時間住在始興縣，這從他的作品和有關記載看，是不假的。《曲江集》卷三所錄《始興南山下有林泉，常（嘗）卜居焉，荊州臥病，有懷此地》詩中的「始興」，就應指的是當時的始興縣。宋王象之《輿地紀勝》

卷九三記張九齡書堂：「在始興縣南，山幽水秀，花木長春，几案庭戶，皆石琢就，今臺址如昔。」又記張九齡宅：「在州東六十里，平圃驛畔，今廟宇乃其宅基。」《明一統志》卷八〇在記及張九齡書堂時，還特地加了一句：「九齡未仕時所建」。此書堂大約就是九齡卜居此地時所建。當年的始興縣治，應在今始興縣司前鎮地。地名「司前」，當是由始興南部都尉衙門所在地得名。而今隘子鎮的上湖灣，就在司前鎮西南約一二十公里地。而此地臨近今曲江縣地，距今韶關市不到百里，與王象之所記之地接近。

但正於宋祝穆所言，張九齡僅是「祖居始興縣」，而且據我考察，這個「祖居始興縣」與說他的祖籍為南康相等，始興和南康的一部分當時指的是同一地——南鄉。

《舊唐書・地理志》說：「始興，漢南野縣地，屬豫章郡。孫皓分南康郡之南鄉，始興置縣。縣界東嶠，一名大庾嶺。」

根據《舊志》的這個記載，我們可以確切地知道，始興縣是從南康郡分出。不過這裏可能有誤，據《晉志》，晉平吳，始改盧陵南部為南康郡；故在孫皓時，還沒有南康郡之名。如始興確實從南康郡分出，則不應在孫皓時；如在孫皓時，則不應從南康郡分出。不知是《晉志》誤還是《舊唐志》誤。不管它是何時分出，但始興縣是從南康郡或盧陵南部都尉分出這個基本事實卻是不用懷疑的。

張九齡家祖上晉末南遷「江表」是遷到了當時屬於揚州的南康郡。當始興縣從南康郡（或盧陵南部都尉）分出來以後，他們家原來住的地方又屬新分出的始興縣，因此他們家就又成了始興縣人。這就是《新表》為什麼稱張九齡為「始興張氏」，張九齡兩封始興，而張九皋兩封南康的根據。

曲江縣才是張九齡籍貫

張九齡封爵首封曲江，他有私第和先塋在曲江，他父母和自己及弟九皋、九章夫婦也死葬曲江，這都是他籍貫為曲江的證明。《徐碑》：「二十八年春，請拜掃南歸。五月七日，遘疾薨於韶州曲江之私第……越來歲孟冬，葬於洪義里武臨原，近於先塋，禮也。」《蕭碑》也說其弟九皋死，「以明年葬於（韶州）始興郡洪義里武陵原。」武

陵原即九齡所葬之武臨原。《徐銘》也說：「公之生歲六十有三，以開元二十八年五月七日薨，二十九年三月三日遷窆於此韶江環浸、滇山隱起形勝之地。」其先塋所在的這個地方，據《徐碑》，在唐應叫武臨原，屬唐韶州始興郡曲江縣 41 鄉之某鄉洪義里地。其地在今韶關市西北郊的羅源洞山麓，地名武江區田心鄉敦子頭村翠竹嶺（今又改名丞相山），距今市區約十餘公里。這是張九齡籍貫爲曲江的最好證明（說見熊飛《從文化角度看張九齡籍貫》，《學術研究》2004.9；《張九齡籍貫之爭的文化學闡釋》，大象出版社《新文學》第四輯）。

唐高宗儀鳳三年（公元 678）戊寅

一歲。生於韶州曲江縣。

《錦繡萬花谷‧前集》卷十八「九鶴飛集」條引《九齡家傳》言：「張九齡母夢九鶴自天而下，飛集於庭，遂生九齡。」

按：張九齡生於何年，沒有明確記載。一般都是以其享年來推算他的生年。他死於唐玄宗開元二十八年（740），各種記載均無異詞。可是享年多少，卻存在歧異。

《舊唐書‧本傳》言：「左遷荊州大都督府長史，俄請歸拜墓，因遇疾卒，年六十八。」《新唐書‧本傳》亦言：「九齡坐舉非其人，貶荊州長史……請還展墓，病卒，年六十八。」二史均言其享年 68 歲。但是《徐銘》卻說：「公之生歲六十有三，以開元廿八年五月七日薨。」《徐碑》也說：「二十八年春，請拜掃南歸。五月七日，遘疾薨於韶州曲江之私第，享年六十三。」又都說他享年 63 歲。中間與唐史差了五年。如以享年 68 歲計，他就應生於高宗咸亨四年（公元 673 年）；若以享年 63 歲計，他的生年就應是高宗儀鳳三年（公元 678 年）。

我們知道，九齡墓誌銘撰者徐安貞在朝與張九齡長期同事；神道碑撰者徐浩父子與張九齡兄弟交密。故應從貞石作享年 63。從開元二十八年上溯 63 年，九齡應生於本年。聞一多《唐詩大系》、何格恩《張九齡年譜》（以下簡稱《何譜》）、楊承祖《張子壽先生九齡年譜》（以下簡稱《楊譜》）、周勳初主編《唐詩大辭典》、蕭滌非、程千帆等主編《唐詩鑒賞辭典》等定其生於公元 678 年，是。但《辭源》修訂本、馬茂元及文學研究所《唐詩選》、劉大杰《中國文學發展史》等，都定其生於公元 673 年，並且似乎都以公元 673 年為定論。有的乾脆用兩個生年並列（如《中國歷史大辭典‧隋唐五代史》卷就言「673 或 678」），這肯定是錯誤的，應據貞石予以糾正（參傅璇琮《唐代詩人考略‧張九齡》）。

《楊譜》：「考本集卷五有《在郡秋懷二首》，其詩云：『宦成名不立，志存歲已馳。五十而無聞，古人深所疵。』按九齡……至開元十五

年始出爲洪州刺史，若以開元二十八年卒，年六十三計之，開元十五年正五十歲，恰與詩合；若以六十八計之，應已五十五，與詩不符矣；益證碑之爲可信。」

本年九月，唐軍洮河道行軍大總管、中書令李敬玄、左衛大將軍劉審禮等與吐蕃軍隊戰於青海之上，幾乎全軍覆沒，劉審禮被吐蕃俘虜。

唐高宗儀鳳四年（調露元年）（公元 679）己卯

二歲。駱賓王上疏言事，獲罪入獄，作《在獄詠蟬》，在獄年餘。

本年六月辛亥，制大赦天下，改儀鳳四年爲調露元年。

冬十月，吐蕃文成公主遣其大臣論塞調傍來告喪，請和親，不許。遣郎將來令文使吐蕃，會贊普之葬。

唐高宗調露元年（永隆元年）（公元 680）庚辰

三歲。

駱賓王出獄，貶臨海丞。

《舊書·李敬業傳》：「長安主簿駱賓王貶授臨海丞。」

本年七月甲子，廢皇太子賢爲庶人，幽於別所。八月乙丑，立英王哲爲皇太子，改調露元年爲永隆元年。

唐高宗永隆二年（開耀元年）（公元 681）辛巳

四歲。

夫人譚氏生。

《徐碑》：「夫人桂陽郡夫人譚氏，循州司馬府君誨之子也……至德二年十月六日終於私第，春秋七十有七。」由至德二年（公元 757）上溯 77 年，則夫人譚氏生於本年。《何考》、《楊譜》置本年，是；《李譜》置前一年，不妥。

七月，薛元超表薦楊炯、崔融等爲崇文館學士。楊炯旋遷詹事府司直。

《新書·楊炯傳》：「永隆二年，皇太子已釋奠，表豪俊充崇文館學士，中書侍郎薛元超薦炯及鄭祖玄、鄧玄挺、崔融等，詔可。遷詹事司直。」

本年閏七月，裴行儉、程務挺等大破突厥史伏念之眾，突厥餘黨盡除。

冬十月乙丑，改永隆二年為開耀元年。

唐高宗開耀二年（永淳元年）（公元682）壬午

五歲。

九齡少年時代，即不喜歡戲耍，儼然如小大人一般。

《徐碑》：「是生我公，蔚為人傑，弱不好弄。」

本年二月癸未，改開耀二年為永淳元年。

唐高宗永淳二年（弘道元年）（公元683）癸未

六歲。

本年十二月己酉，改永淳二年為弘道元年。是夕，高宗病卒，遺詔皇太子樞前即位，是為中宗。太子哲即位（復舊名顯），尊皇后武則天為皇太后。武后臨朝稱制，自此，政事一決於則天后。

唐中宗嗣聖元年（文明元年、光宅元年）（公元684）甲申

七歲。

入學，知屬文。

《徐碑》：「七歲能文。」

《新傳》：「七歲知屬文。」

正月朔，改元嗣聖。二月戊午，武后廢中宗為廬陵王，幽於別所，仍改賜名哲。己未，立豫王旦為帝，居別殿，是為睿宗。大赦天下，改元文明。武后仍臨朝稱制。

武后改百官名。

逼廢太子賢自殺。

羅織之風起，宰相裴炎、大將軍程務挺先後被殺。

九月，大赦天下，改元光宅。徐敬業等起兵揚州，並令駱賓王草檄聲討武后。

十一月，敬業兵敗，駱賓王下落不明。

童時，家人攜拜慧能禪師，師即知其為奇童，期以國器

> 大正藏第 51 冊《傳法正宗記》卷六《震旦第三十三祖慧能尊者傳》：
> 「昔唐相始興公張九齡為童，其家人攜拜大鑒，大鑒撫其頂曰：『此
> 奇童也，必為國器。』其先知遠見皆若此類。」暫繫本年。

本年陳子昂進士及第，拜麟臺正字。

> 《新書・陳子昂傳》：「文明初，舉進士……武后奇其才……擢麟臺
> 正字。」

武后垂拱元年（公元 685）乙酉

八歲。

正月，改元垂拱。

三月，遷廬陵王李哲於房州。頒親撰《垂拱格》於天下。

本年，楊炯貶梓州司法參軍。

> 《舊傳》：「遷詹事司直。則天初，坐從祖弟神讓犯逆，左轉梓州司
> 法參軍」（《新傳》略同）。

武后垂拱二年（公元 686）丙戌

九歲。

正月，武后下詔復政於皇帝，李旦深知非其本意，固讓。武后依舊臨朝
稱制。

三月，命鑄銅匭置於朝堂，受密奏。由是告密羅織之風大盛。

陳子昂從軍出塞，作《感遇》詩「蒼蒼丁零塞」等篇。

詩人盧照鄰此年前後投水自殺。

武后垂拱三年（公元 687）丁亥

十歲。

陳子昂作《感遇》詩「丁亥歲雲暮」等篇。

在韶州曲江讀書。

武后垂拱四年（公元 688）戊子

十一歲。

在韶州曲江家中讀書。

越王李貞、琅琊王李沖父子等起兵反武，兵敗被殺。武后自是向宗室諸王開刀，多人相繼被殺，親黨數百家遭誅。

王之渙生。

武后垂拱五年（永昌元年）（公元 689）己丑

十二歲。

在韶州曲江家中讀書。

是歲孟浩然生。蘇頲進士及第。

春正月，改元永昌。

多十一月，詔改周正，以永昌元年十一月爲載初元年正月，十二月爲臘月，明年正月爲一月。

是歲前後武則天屢興大獄，宗室諸王及公卿大臣多人爲酷吏周興所害。

載初元年（周天授元年）（公元 690）庚寅

十三歲。以書干廣州刺史王方慶，方慶期其「是必致遠」。

《徐碑》：「王公方慶出牧廣州，時年十三，上書路左。」

《舊傳》：「年十三，以書干廣州刺史王方慶，大嗟賞之」

《新傳》：「十三，以書干廣州刺史王方慶，方慶歎曰：『是必致遠。』」

《舊唐書・王方慶傳》：「永淳中，累遷太僕少卿。則天臨朝，拜廣州都督。」《新傳》略同。四庫本《廣州通志》卷二十六：「王方慶：垂拱元年任。」郁賢皓《唐刺史考》置王方慶刺廣州「約長壽中～證聖元年（？～695）。」引《徐碑》後下按語說：「張九齡十三歲時爲證聖元年。」《刺史考》推斷張九齡生年有誤；據《徐碑》、《徐銘》，九齡開元二十八年卒，壽六十三。則九齡生唐高宗儀鳳三年（公元 678），本年十三歲。本年九月九日，武則天宣佈革唐命，改國號爲周，改元天授。《舊・王方慶傳》謂「則天臨朝，拜廣州都督」，與九齡傳合。故方慶出刺廣州應爲天授元年。《通志》說「垂拱元年任」，太靠前，不可據信。又，《舊書・王方慶傳》說「方慶在任數年，秋毫不犯……有制褒之……證聖元年，召拜洛州長史。」

按新舊紀，武則天長壽三年五月改元延載，次年正月辛巳（二日），改元證聖。方慶是從廣督直接拜洛州長史，則其做廣州都督至少到延載元年底，或做到了證聖元年（695）中。張九齡少年時期受到王方慶器重，期其必能致遠，當在天授、證聖間（690～695）。《何考》置九齡「上書王方慶」在垂拱四年（公元 688），恐不甚妥。

本年其弟張九皋生，一歲

張九皋生年，據《蕭碑》，卒於天寶十四載（755），春秋六十有六。由天寶十四載上溯 66 年，則九皋當生於本年。《何考》、《楊譜》亦置本年。

九月九日，武則天宣佈革唐命，改國號爲周，改元天授。降睿宗爲皇嗣，賜姓武氏。

本年張說制舉登科，授太子校書。

本年楊炯、宋之問分直習藝館

《舊書》四三：「習藝館：本名內文學館，選宮人有文學者一人爲學士，教習宮人。則天改爲習藝館，又改爲翰林內教坊。以事在禁中故也。」

《新傳》：「宋之問……甫冠，武后召與楊炯分直習藝館」（《唐才子傳》同）。

周天授二年（公元 691）辛卯

十四歲。

在韶州曲江家中讀書。

父張弘愈本年卒。

關於其父卒年，沒有確切的記載。《徐碑》言：「七歲能文，居太常府君憂，柴毀骨立，家庭甘樹數株連理。王公方慶，出牧廣州，時年十三，上書路左。」據此敘事順序，其父卒年，當在九齡七歲至十三上書王方慶之間。故最遲也應卒於本年。但據《蕭碑》，其弟九皋是時已經出生，只是年紀尚幼。《蕭碑》說他「恭惟色養，孝自因心，早歲丁太常府君憂（《文苑英華》卷八九九，《全唐文》卷三五五「早」作「幼」）孺慕銜哀，樂棘無怙，毀能達禮，志若

成人。」即其父本年末卒，九皋年頭生，其時也不過一兩歲孩兒，恐是《蕭碑》故爲誇大之辭。《何考》引明隆慶元年刊《文苑英華》卷八九九錄《蕭碑》，「早歲丁太常府君憂」一句作「辛卯歲丁太常府君憂」，並作考説：「徐浩《文獻張公碑》敍『居太常府君憂』，在十三歲上書王方慶之前。是時九皋尚未生，似覺不妥。《新唐書·張九齡傳》敍父喪在張説謫嶺南之後，或有可能。余頗疑『辛卯』乃『癸卯』之誤，惜無確證，姑從《新唐書》之説，以俟續考」（《何譜》略同）。何氏所疑，與徐、蕭二碑不符；《劉譜》置本年，從之。

《楊譜》長安三年：「本年或稍後，丁父憂。」並引《粵海堂二集》卷十四侯康《唐張九皋碑跋》爲證，並下按語云：「侯氏所論極精切。且就九皋碑文讀之，宜『孝自因心』爲句，『幼歲』屬下讀；『辛』蓋『心』之音誤，『幼』『卯』形近，又因上『辛』字聯想而誤耳，石刻蓋是。」

本年，左金吾大將軍丘神勣以罪被殺；周興被告發與丘神勣通謀，流嶺南，在路爲仇家所殺；酷吏索元禮亦被殺。

武后下詔，令釋教在道教之上。

《舊紀》六：「夏四月，令釋教在道法之上，僧尼處道士、女冠之前。」

周天授三年（如意元年、長壽元年）（公元 692）壬辰

十五歲。

夏四月，改元如意；秋九月，改元長壽。

春一月丁卯，武后引見存撫使所舉舉人，無問賢愚，悉加擢用。高者試鳳閣舍人，次試員外郎、侍御史、補闕、拾遺、校書郎不等。試官自此始（《資治通鑑·唐紀》二十一）。

左臺中丞來俊臣羅告同平章事任知古、狄仁傑、裴行本等謀反，下獄。前宰相樂思晦不滿十歲子上變，得召見，備訴其冤。武后稍悟，各免死貶官。裴行本、李嗣眞流嶺南。

大臣朱敬則、周矩等極言酷吏之害，武后有所採納，自此制獄稍衰（同上）。

周長壽二年（公元693）癸巳

十六歲。

在韶州曲江家中讀書。

長壽三年（延載元年）（公元694）甲午

十七歲。

在韶州曲江家中讀書。

周證聖元年（天冊萬歲元年）（公元695）乙未

十八歲。

在韶州曲江家中讀書。

周天冊萬歲二年（萬歲登封元年、萬歲通天元年）（公元696）丙申

十九歲。

在韶州曲江家中讀書。約本年秋，至廣州一遊。

《滇陽峽》

> 詩云：「舟行傍越岑，窈窕越溪深。水闇先秋冷，山晴當晝陰。重林間五色，對壁聳千尋。惜此生遐遠，誰知造化心」（卷四）！何格恩《張曲江詩文事蹟編年考》（以下簡稱《何考》）置開元十四年（726）祭南海道中作，劉斯翰校注《曲江集》（以下簡稱《劉注》）以其無據，不從。並以此詩為九齡現存詩中作年最早的一首，置於長安二年（702）。從此詩詩意看，當是九齡初次至廣州，由北江沿江南下，途經英德滇陽峽時所作。九齡生於韶州，距廣州不遠，舟行不過兩三日路程。此前又受廣州刺史王方慶推重，故在王方慶解除廣州刺史之前，張九齡是有可能一至廣州的；即不是，九齡辭拾遺家居期間，也曾與王六在廣州唱和，有《與王六履震廣州津亭曉望》詩可證。本詩云：「惜此生遐遠，誰知造化心！」其作意與《感遇·江南有丹橘》近之，故不必十四年作。今姑繫此年，以待確考。

周萬歲通天二年（神功元年）（公元697）丁酉

二十歲。

本年州縣鄉試中試，被推舉入京參加進士科考試。

《徐碑》：「弱冠鄉試進士。考功郎沈佺期尤所激揚，一舉高第。」各家均繫九齡鄉試進士在長安二年（702），顯然與「弱冠」（20歲）年齡不符。《徐碑》這裏所謂的「鄉試進士」，實則應爲「貢士」，通俗一點說，就是州縣向朝廷推舉的在地方上有一定名聲的讀書人。《唐摭言》卷一「統序科第」條言：「始自武德，辛巳歲四月一日敕諸州：學士及早有明經及秀才、俊士、進士，明於理體，爲鄉里所稱者，委本縣考試，州長重覆。取其合格，每年十月，隨物入貢，斯我唐貢士之始也。」在每年「隨物入貢」的「貢士」中，有各種各樣的名稱：有「學士」、有「明經」、有「秀才」、還有「俊士」和「進士」，此其一；其次，讀書人要獲得這個「貢士」資格，必須是「爲鄉里所稱者」，且要經過「本縣考試，州長重覆」，合格者方能取得這個資格。第三「永徽以前，俊、秀二科，猶與進士並列；咸亨之後，凡由文學舉於有司者，競集於進士矣。」（同上「述進士上篇」）《徐碑》所言張九齡爲「弱冠鄉試進士，」就應是指取得參加進士試的這個資格。在這裏，徐浩明白地將「鄉試進士」與「一舉高第」分而言之，但《何譜》等均將取得進士考試資格與「進士及第」混爲一談。其實在時人眼中，獲得進士考試資格與進士及第是分得很清楚的。孟浩然有《送丁大鳳進士赴舉呈張九齡》詩，孟浩然送其赴舉的這位丁大（名鳳），雖稱其爲「進士」，但他卻是一位只獲得參加進士考試的資格而未曾及第「惜無金張援，十上空歸來」的落榜生。可他自己在天寶四年撰《唐故河南府參軍張君（軫）墓誌銘並序》時，就自稱「鄉貢進士丁鳳。」樂合《圓仁三藏供奉入唐請益往返傳記》（《文獻》2004 年第四期王勇、王麗萍校錄本）：「合望本南陽，寓居西蜀，幼常好學，不事生涯。應舉無成，思遊本國。……時承和十四年十一月二日，大唐鄉貢進士樂合撰上。」樂合前言「應舉無成」，說明未能進士及第，但文後同樣署名「鄉貢進士」。故我以爲，徐浩所言張九齡「弱冠鄉試進士」，應指其獲得參加進士試資格，就像當年丁鳳和樂合一樣，而非謂進士及第。再說，張九齡取得「鄉試進士」資格在二十歲，中進士舉在五

年之後的長安二年（公元702），時已二十五歲，二十五歲還可言「弱冠」嗎？若不能，則《徐碑》所言：「弱冠鄉試進士」也應該指的是另一回事，而非指中進士舉，這也是顯而易見的。

周聖曆元年（公元698）戊戌

二十一歲。

在韶州曲江家中讀書。

周聖曆二年（公元699）己亥

二十二歲。

在韶州曲江家中讀書。

周聖曆三年（久視元年）（公元700）庚子

二十三歲。

在韶州曲江家中讀書。

周大足元年（長安元年）（公元701）辛丑

二十四歲。

約本年十月前進京，準備參加明年春舉行的進士科考試。

《初發曲江溪中》

> 詩云：「自匪嘗行邁，誰能知此音。」《初發道中寄遠》：「日夜鄉山遠，秋風復此時。舊聞胡馬嘶，今聽楚猿悲。念別朝昏苦，懷歸歲月遲。壯圖空不息，常恐髮如絲。」前一詩，《何考》繫開元四年（716），《劉注》以無據不從，另繫景龍三年（709）。後一詩《何考》繫開元十四年（726），《劉注》以無據不從，另繫神龍二年（706）。愚以上二詩題上均有「初」字，故均繫長安元年（701），應為九齡首次踏上北上之途所作。《徐碑》：「考功郎沈佺期尤所激揚，一舉高第。」各家均據沈佺期仕履繫九齡中進士舉在長安二年（702）。按慣例，張九齡若長安二年中舉，長安元年十月前就應進京，故繫這一組詩的作年為長安元年。

周長安二年（公元702）壬寅

二十五歲。

本年舉進士，考功員外郎沈佺期拔爲高第。

《徐碑》：「弱冠鄉試進士，考功郎沈佺期尤所激揚，一舉高第。」

顏眞卿《朝議大夫贈梁州都督上柱國徐府君（秀）神道碑銘》：「年十五，爲崇文生應舉，考功員外郎沈佺期再試《東堂壁畫賦》，公援翰立成，沈公駭異之，遂擢高第。」「天寶十三載秋七月九日終於郡之官舍，春秋七十。」

由天寶十三載（754）上溯 70 年，則徐秀生於垂拱元年（公元 685年）。其頭年十月入貢，次年春考試，故其擢第應在本年。張九齡應與徐秀同科。《登科記考》引《郡齋讀書志》：「張九齡，曲江人，長安二年進士。」置徐秀、張九齡於長安二年進士 21 人之中，是。

沈佺期長安元年末，還在通事舍人任，預《三教珠英》撰事（參陶敏、易淑瓊《沈佺期宋之問集校注》附《沈佺期宋之問簡譜》），本年始任考功員外郎，時間最多也不過年餘。長安三年，即遷授給事中。沈佺期《寄北使》詩序：「長安三年，自考功郎（中）授給事中」。按，陶敏、易淑瓊《沈佺期宋之問集校注》及《沈佺期宋之問簡譜》均以沈氏曾官考功郎中，恐非。各本郎官石及趙考、岑考均不記沈官考功郎中，《徐碑》與顏眞卿《徐秀碑》也只記沈佺期官考功員外郎，且各選本此詩均題作《自考功員外授給事中》，僅《英華》卷一百九十於詩題「授」下出校「一作郎中拜」。二先生即據此徑改「員外郎」作「郎中」，版本證據似嫌單薄。我以序文中「考功郎中」的「中」爲衍字。《徐碑》與沈氏《寄北使》所言之「考功郎」即「考功員外郎」。沈佺期雖自從六品上階的考功員外郎遷正五品上階的給事中爲越級提拔，但在武則天時代，這種現象卻極爲常見，這正是沈氏時附張易之、昌宗兄弟的證明。故其以考功員外郎主進士試，必長安二年無疑。

傅璇琮主編《唐五代文學編年史·初盛唐卷》（以下簡稱《編年史》）：「二月考功員外郎沈佺期知貢舉，試《東堂壁畫賦》，張九齡、徐秀等二十一人登進士第；復令李嶠重試，九齡再拔其萃，授秘書省校

書郎。張九齡本年年二十。《全唐文》卷四四，徐浩《張九齡神道碑》：『弱冠鄉試進士，考功郎沈佺期尤所激揚，一舉高第。時有下等（第？），謗議上聞。中書令李公，當代詞宗，詔令重試，再拔其萃。擢秘書省校書郎。』同書卷三四三，顏眞卿《徐秀神道碑》：『年十五，爲崇文生應舉。考功員外郎沈佺期再試《東堂壁畫賦》，公援翰立成，沈公駭異之，遂擢高第。調補幽都縣尉。』秀，《新唐書・宰相世系表》作『琇』。」

按：這條編年有三誤：1、將進士與進士及第混爲一談；2、李嶠重試，非在本年；3、本年張九齡非 20 歲，據兩碑，本年 25 歲；據兩傳，他本年過 30 歲；應以兩碑爲是（參顧建國《〈唐五代文學編年史〉張九齡個案補證》，《唐都學刊》2001.1；以下簡稱《補證》）。

《楊譜》：長安二年「進士及第，見賞於沈佺期。」「又《何譜》云：『《曲江集》卷三有《讀書岩中寄沈郎中》詩，則鄉試時之賞識，或有可能歟！』按此詩有『寄語吾知己，同來賞此心』之語，不類投座主者；明成化丘濬刻本《曲江集》及《全唐詩》均不載，惟祠堂本《曲江集》收之，蓋誤入，何氏據之，失檢。又後附沈佺期《寄題書堂岩》一首，清溫汝適《曲江集考證》已辨其僞。」

《徐碑》又言：「時有下等，謗議上聞，中書令李公，當代詞宗，詔令重試」一事，不見史載，武氏詔令也無從查考，但《徐碑》絕非無中生有。沈佺期不久即遭南貶，就與「時有下等，謗議上聞」事相關。《舊傳》：「再轉考功員外郎，坐贓配流嶺表」，「坐贓」就可能指此事。《新傳》「累除給事中，考功受賕，劾未究，會張易之敗，遂長流驩州。」「考功受賕」，說得更明白。約是遷給事中不久「受賕」事發，被人彈劾，未及追究；恰二張敗，二罪併發，遂長流驩州。故《徐碑》可與史氏相發明。

《初入湘中有喜》

詩云：「征鞍窮郢路，歸棹入湘流。」詩應爲歸家時作。因詩題上有「初」字，詩中有「歸」字，也應作於首次進京的歸途中。據史載，張九齡釋褐在景龍元年中材堪經邦科後（707），長安二年中舉因有人告主考官沈佺期「受賕」而作罷，因此，張九齡也應在中舉後不久返鄉，詩繫本年。

周長安三年（公元703）癸卯

二十六歲。

約上年末或本年中回到韶州。

九齡中進士，本應在朝爲官，但當時卻不在朝。究其原因，可能
與「時有下等，謗議上聞」一事相關。沈氏等考官受賄醜聞傳出
以後，朝廷可能馬上終止了向及第者授官，於是九齡回到了韶州。
誰知一拖就是五年。這五年中，朝中政局正值大動盪時節。直到
武則天死，二張被殺，復唐國號，「五王」與武三思之鬥爭塵埃落
定，才令中書令李嶠「重試」。九齡再次進京待試，應爲神龍元年
（705）後。

張說長流欽州，過韶州，與九齡相見。張說一見九齡文章，便厚爲敬禮

《徐碑》：「燕公過嶺，一見文章，並深提拂，厚爲敬禮。」

《新傳》：「會張說謫嶺南，一見厚遇之。」

《舊傳》：「時張說爲中書令，與九齡同姓，敘爲昭穆，尤親重之。
嘗謂人曰：後來詞人稱首也。九齡既欣知己，亦依附焉。」

九齡《答嚴給事書》：「僕愛自書生，燕公待以族子，頗以文章見許，
不因勢利而合」（集十六）。

張九齡撰《唐故尚書右丞相燕國公贈太師張公墓誌銘並序》署：「工
部侍郎集賢院學士族孫九齡。」按《新表》，張說爲晉張華13代孫，
張九齡爲張華15代孫，故與張說祖孫相稱。

《舊書‧張行成傳附昌宗傳》：「御史大夫魏元忠嘗奏二張之罪，
易之懼不自安，乃誣奏魏元忠與司禮丞高戩云天子考矣，當挾太
子爲耐久朋。則天曰：汝何以知之？易之曰：鳳閣舍人張說爲證。
則天召元忠及說廷詰之，皆妄。則天尚以二張之故，逐元忠爲高
要尉，張說長流欽州」（事又見新舊唐書張說傳、魏元忠傳等處）。

《通鑒》二百七繫此事長安三年（公元703）九月。張說過嶺，當
在本年冬。

《何考》：「見張燕公」亦置本年。

《楊譜》：「本年冬或稍後，初見張說，遂通譜。」

周長安四年（公元 704）甲辰

二十七歲。

本年家居。

唐中宗神龍元年（公元 705）乙巳

二十八歲。

本年家居。

> 張說本年春奉詔回京，經過韶州，二人是否再次相見，難定。九齡
> 再次進京，或與張說起用相關，與說一同進京也有可能。

> 《文獻通考》卷二九「唐登科記總目」；「中宗神龍元年進士六十一
> 人，重試及第十二人，諸科二十九人。」《徐碑》：「詔令重試」應實
> 有其事，九齡是否參加本年重試，是否為及第十二人中之一，不得
> 而知，附此待考。

正月，太后武則天病重，張柬之、崔玄暐、敬暉、桓彥範、袁恕己等以
羽林兵殺張昌宗、張易之及其黨羽，迎太子顯即位，是為中宗。

二月，復國號為唐。

五月，封張柬之等五人為王，罷知政事，實權盡歸武三思。十一月，武
則天死，但武氏仍盛。

本年初，沈佺期、宋之問、崔融、杜審言等，坐善張易之、張昌宗遭貶。
杜流峰州，崔貶袁州刺史，宋貶瀧州參軍，沈長流驩州。

> 《四部備要》本《曲江集》有《讀書岩中寄沈郎中》，其詩後附沈
> 佺期《寄題書堂岩》。二詩不見《全唐詩》及《補編》。劉斯翰校注
> 《曲江集》錄沈詩以備考，並言九齡「長安二年九齡與沈氏有門生
> 之誼」，其《讀書岩中寄沈郎中》詩「當是神龍元年沈氏流驩州期
> 間所作。」集後附《年譜簡編》也說：「沈佺期流嶺南，九齡作《讀
> 書岩中寄沈郎中》詩寄贈」。陶敏等《沈佺期宋之問集校注》收入
> 「備考詩文」，並於詩下作按語云：「其於郎中任無『萍梗』之事（按：
> 沈詩有「只今愧萍梗，無能伴主人」)，張詩云『寄語吾知己，同來
> 賞此心』，亦不類門生呈座主口吻。詩當偽託。」張九齡和沈郎中
> 詩都寫得很生動，愚以為不似偽作。關鍵是二詩是否為九齡與沈佺

期唱和，難定。九齡詩稱「沈郎中」，而沈佺期卻是在給事中任上長流驩州的，且沈氏並未曾官考功郎中（說見前），稱呼不合。「沈郎中」或另有其人。

唐神龍二年（公元 706）丙午

二十九歲。

武三思惡張柬之等五王，誣以謀廢韋后等罪，旋即矯詔將五人一一害死。

本年十月之前隨貢進京，準備參加材堪經邦科考試

《商洛山懷古》

《何考》以爲是九齡使南海途中作。《劉注》：「何氏編是詩於開元十四年奉使南歸時則正。蓋詩云『荒途一經過』明言初次經此；又云『避世辭軒冕，逢時解薜蘿。盛明今在運，吾道竟如何。』自是初入京應舉時口吻，今繫於神龍二年秋。」按：「盛明今在運」，顯非武則天長安元年那一次。且開元十四年唐玄宗在東都，故九齡走商洛道，亦非出入東都所行之路；「吾道竟如何」，「問途」也非奉使語氣；由此可知此詩非開元十四年作。劉先生言此詩爲初入京應舉時口吻，非是；但繫神龍二年秋，則可從。

唐神龍三年（景龍元年）（公元 707）丁未

三十歲。

本年材堪經邦科及第，授官秘書省校書郎。校書郎爲正九品上階。這是九齡入仕之始

《元龜》卷六四五：「神龍三年：材堪經邦科：張九齡、康元瓌及第」（《太平御覽》卷六二九、《唐會要》卷七六同）。

《徐碑》言：「時有下等，謗議上聞，中書令李公，當代詞宗，詔令重試。再拔其萃，擢秘書省校書郎。」

「中書令李公」指李嶠。李嶠神龍二年至景龍三年（706～709）在中書令任。《舊書》卷九四《李嶠傳》「神龍二年，代韋安石爲中書令……三年，又加修文館大學士，監修國史，封趙國公。景龍三年，罷中書令，以特進守兵部尚書同中書門下三品。」

《舊傳》：「登進士第。應舉登乙第，拜校書郎。」《新傳》：「擢進士，始調校書郎。」《舊傳》本不誤，《新傳》卻以「登進士第」與「應舉登乙第」爲一碼事，則大誤。九齡「登進士第」在長安二年（702），「應舉登乙第」在本年。進士及第後沒有授官。秘書省校書郎一職爲本年制舉登第後所授。

九齡《與李讓侍御書》言：「昔遇光華啓旦，朝制旁求，正登射策之科，忝職藏書之閣。又屬朝廷尚義，端士相趨」（卷十六）。知九齡授官秘書省校書郎是因制科，而非進士科。前登進士科而未授官，其原因一可能是有人告發主考官受賄，考試結果不得承認；或是張九齡認爲其時朝廷非尚義之主，故不想出來做官。九齡有《忝官二十年盡在内職及爲郡嘗積戀因賦詩焉》詩，從詩中「江流去朝宗」這句看，應指作洪州刺史。九齡從太常少卿出爲洪州刺史在開元十五年（726）。《授洪州刺史制》：「新除冀州刺史……張九齡……可使持節都督洪州諸軍事守洪州刺史……開元十五年三月十三日」（集本附）。由開元十五年上溯 20 年，亦爲本年，可見授官秘書省校書郎是九齡入仕之始，也是九齡任内職之初。關於九齡始官事，參顧建國《<唐五代文學編年史>張九齡個案補證》（《唐都學刊》，2001，1）。《何考》、《楊譜》「中材堪經邦科」均置本年，是。何氏另作考云：「徐碑所云『再拔其萃』未悉指重試而言，抑指中材堪經邦科而言，尚待續考。然曲江公之授官，似與重試無關也。」

太子崇俊矯制起兵殺武三思父子，兵敗被殺。

唐景龍二年（公元 708）戊申

三十一歲。

官秘書省校書郎。

《贈澧陽韋明府》

詩云：「君有百煉刃，堪斷七重犀。誰開太阿匣，持割武城雞。竟與尚書佩，還應天子提。何時遇操宰，當使玉如泥。」《何考》繫開元二十八年南歸展墓途中作，《劉注》謂當是韋氏赴任過荊州九齡贈行之作。此詩明顯寓有欲除武氏之意，應寫於武三思等被殺之前，我以九齡首次南使或與其人同時出京贈別之作。姑繫此年。

《餞宋司馬序》

　　《何考》云：「《文苑英華》卷二六七有馬懷素、徐堅等《餞許州宋司馬赴任詩》；宋之問集亦有此詩。按宋之問於景龍二年尚爲戶部員外郎（《會要》卷六十四），景龍三年，出爲越州長史（《宋之問集・祭禹廟文》）。景雲元年六月流嶺表（《通鑑》卷二〇九）。此序疑撰於景龍二年春。」陶敏《全唐詩人名考證》：於宋之問《送許州宋司馬之任》下考云：「宋司馬，疑是宋之遜。李適、李義、盧藏用、薛稷、馬懷素、徐堅均有送詩存。七詩均見《英華》卷二六七，之問此詩次其末。」其《宋之問集校注》卷二此詩下注：「宋司馬，當是宋之問弟之遜或之悌……此詩爲長安秋日作，同送者均爲景龍文館學士，詩當作於景龍二年秋。」《姓纂》卷八弘農宋氏：宋令文「生之問、之望、之悌……之望改名之遜。」據薛稷送詩：「令弟與兄名，高才動兩京。」則此人上有兄下有弟，故應爲老二之遜。

《送韋城李少府》

　　《元和郡縣志》卷八《河南道四》：韋城縣屬滑州。詩云：「送客南昌尉。」《何考》繫開元十八年，以爲作於洪州，誤。《劉注》：「此詩當是任秘書郎時贈行之作。何格恩《編年考》繫於開元十八年洪州任上所作，誤。蓋詩中明言『別酒青門路』，已點出送別之地在長安矣。」劉先生以送別之地在長安，是；言「此詩當是任秘書郎時贈行之作」，從詩的語氣看，似亦可從。暫繫本年。韋城，地名。《元和郡縣志》卷八河南道四：韋城縣屬滑州。

《送竇校書見餞得云中辨江樹》

　　竇校書：校書郎竇某，其人生平不詳。當是九齡任校書郎時之同僚。疑其人爲竇賁，後官至河南少尹。九齡以神龍三年「應舉登乙第，拜校書郎。」《劉注》：「此當是任校書郎時所作……何格恩《編年考》繫於開元十五年洪州任上所作，無據，今不從其說。」《劉注》所言甚是。從詩言「渺茫從此去，空復惜離群」句看，作者時應爲竇校書「群」中之一。與上詩約作於同時，暫繫此。

《送宛句趙少府子卿》

　　「解巾行作吏，樽酒謝離居。修竹含清景，華池淡碧虛。地將幽興愜，人與舊遊疏。林下紛相送，多逢長者車。」《英華本》題「府」

後有「子卿」二字，據補。《何考》疑此詩開元十八年洪州任上所作。《劉注》從其說。恐非。詩似爲校書郎時作。宛句，又名冤句，在今山東曹縣西北。趙子卿，其人不詳。《姓纂》卷七：「兵部員外趙子卿，長安人。」【岑校】：「《全唐文》四〇一云：『子卿，開元時人。』」九齡所送者，或即其人。少府，縣尉之別稱。與上詩約作於同時，暫繫此。

唐景龍三年（公元709）己酉

三十二歲。
官秘書省校書郎。

唐景龍四年（少帝唐隆元年、睿宗景雲元年）（公元710）庚戌

三十三歲。
官徵仕郎行秘書省校書郎。

在《對嗣魯王道堅之所舉道侔伊呂科》一文中自稱：「徵仕郎行秘書省校書郎張九齡」，知其散官秩級爲徵仕郎，校書郎爲其職務。《舊志》：「給事郎、徵仕郎：正八品。」屬正八品下階。則其秩級（待遇）比其實職正九品上階的校書郎高出四級，故稱「行」。他在校書郎任前後近六年，中間理應轉一職，但沒有轉，可能待遇上去了，職務沒上去。徵仕郎應爲「勞考進敍」後所轉，不是與校書郎同時所授。姑置本年。

《剪綵》

《何考》：「《唐詩紀事》卷九李適條云：『景龍四年正月……八日立春賜彩花。』（亦見尤袤《全唐詩話》卷一）同書卷十有李嶠《剪綵花應制》，卷十一有武平一《正月八日立春內出彩花賜近臣應制》，卷十四有張說《八日迎春賜彩花詩》。公詩亦疑作於此時。」劉注：「今據以繫於此，然九齡此詩未云應制，其時身非近侍，亦當非應制詩，或因賜彩花之盛事而作，未可知也。」按：《記纂淵海》卷二引《景龍記》：「唐景龍四年正月八日立春，上令侍臣迎春，內出彩花樹，人賜一枝，令學士賦詩」（《古今事文類聚·前集》卷六同）。九齡時雖非學士，但與之唱和，極有可能。

《何考》：「《折楊柳》、《巫山高》、《賦得自君之出矣》：景龍間，沈宋諸人好作樂府詩，此三詩疑爲公早年之作，暫排於景龍末，以俟續考。」又《何考》：「《別韋侍御使蜀序》：序云：『予之友曰韋侯，始以才遇，中而遇坎，自廷尉評爲益州刺史。』《唐會要》卷六八云：『景雲二年六月二十八日，敕天下分置都督二十四，令都督糾察所管州刺史以下官人善惡。其揚、益、并、荊爲大都督府長史，正三品。』序稱『益州刺史』而不稱長史，疑在景雲二年。……假定韋侍御爲韋虛心，此序當撰於本年夏。」

又《何考》：「《與李讓侍御書》：疑爲本年之作。」並言：「《御史臺精舍題名考》卷一侍御史內供奉有李懷讓，疑即其人。」按：《唐尚書省郎官石柱題名考》卷二五「主客郎中」有李讓其人，其前有陳鴻、白行簡、劉禹錫諸人，時代顯然與張九齡不侔，而與《新表》卷七十上「蜀王房（後爲渤海王房）」：四會令（李）弘略有子主客郎中（李）讓或爲一人。何氏疑李讓即李懷讓，暫從之。唐人雖統稱侍御史、殿中侍御史和監察御史並爲「侍御」，但又分別稱侍御史爲「端公」、殿中侍御史爲「副端」、監察御史爲「侍御」，這種稱呼卻更爲習見。張九齡稱「李讓侍御」，李讓其時似應作的是監察御史。《舊唐書》卷一八五良吏下《李尚隱傳》云：「景龍中，崔湜、鄭愔典選，傾附權要，左臺監察御史李尚隱與同列御史李懷讓於殿廷劾之，遂貶黜。俄而復用，出懷讓爲魏縣令。」據《舊書·中宗本紀》，景龍三年五月崔湜、鄭愔坐贓貶，四年六月即入朝爲相。而觀九齡此書，當爲開元中作。書中言及「昔遇光華啓旦」、「又屬朝廷尚義」、「復以無依見容」，下又言及「乘便歸寧」，並且「去且二年」。故應爲開元五年（717）作。

睿宗景雲二年（公元 711）辛亥

三十四歲。

官徵仕郎行秘書省校書郎。

唐太極元年（延和元年、先天元年）（公元 712）壬子

三十五歲。

官徵仕郎行秘書省校書郎。

《曲江集》卷十六《對嗣魯王道堅之所舉道侔伊呂科》：「徵仕郎行秘書省校書郎張九齡，伏覽聖問……盡心而已，謹對」（《困學紀聞》卷十二亦記此事，言「不書於傳，僅見九齡集」）。

玄宗在東宮，舉文學士。九齡以嗣魯王李道堅之薦，應道侔伊呂科。八月庚子（三日）前，對策第二等，遷官宣義郎左拾遺內供奉

《舊傳》：「玄宗在東宮，舉天下文藻之士，親加策問，九齡對策高第。」

《徐碑》：「應道侔伊呂科，對策第二等，遷左拾遺。」

《新傳》「以道侔伊呂科策高等爲左拾遺。」

《舊傳》：「九齡對策高第，遷右拾遺。」

《通典》卷十七：「開元三年，左拾遺張九齡上書」（又見《唐會要》七四、《通志》五九）。

《上姚令公書》：「月日，左拾遺張九齡謹奏記紫微令梁公閣下」（集卷十六）。

九齡《上封事書》：「五月二十日，宣義郎左拾遺內供奉臣張九齡謹再拜，死罪死罪，上書開元神武皇帝陛下」（集卷十六）。

《楊譜》：「《徐碑》、《新傳》並云：『遷左拾遺』，唯《舊傳》『左』作『右』。按本集卷十六《上封事書》、《上姚令公書》、卷十七《開鑿大庾嶺序》、《新書》卷四十五、《通典》卷十七、《通鑑》卷二一○、《元龜》卷五四九皆作『左』，《舊傳》誤也。」

《元龜》卷六四五「貢舉部・科目」：「玄宗先天元年十二月制令京文武官及朝集使五品以上各舉堪充將帥者一人，又有……道侔伊呂科：張九齡及第。」以九齡此次登道侔伊呂科在十二月後，當誤。對此，《容齋隨筆》卷十二辨之說：「張九齡以道侔伊呂策高第，以《登科記》及《會要》考之，蓋先天元年九月，明皇初即位，宣勞使所舉諸科九人。」以《舊傳》證之，玄宗舉天下文藻之士，親加策問，是爲太子時事，則九齡應道侔伊呂科，玄宗尚在東宮爲太子。中宗本年八月庚子傳位皇太子李隆基，故九齡應試當在八月三日玄

宗登位之前。其授官左拾遺，或在八月底九月初。

《楊譜》：「八月以前登道侔伊呂科，遷左拾遺。……《通鑒》卷二一〇云：『先天元年八月庚子，玄宗即位。』則云九月、十二月者，皆誤也。《溫譜》考證同上。《何譜》既引溫說，復編其事於九月以後，甚疏忽。」

本年九月，太上皇及玄宗準備幸新豐之溫湯，張九齡、韓朝宗以時屬收穫，恐妨農事，上疏切諫。帝大悅，召見慰諭，各賜衣一副。這可能是九齡任左拾遺後的第一諫

《楊譜》：「九月，諫幸溫湯。」

《元龜》卷五四九「諫諍部・褒賞」：「張九齡、韓朝宗，玄宗時為左拾遺。先天元年九月，將幸新豐之溫湯，九齡、朝宗以時屬收穫，恐妨農事，上疏切諫。帝大悅，召見慰諭，各賜衣一副。」

關於此次幸新豐事，《冊府》卷一百十五記之較詳：「先天元年十月癸卯，太上皇幸新豐，獵於驪山之下，命從官宴，設樗蒲焉。賜帛各有差。十二月辛卯，帝幸新豐之溫湯，便獵於渭川。」本年十二月丙申朔，無辛卯日，若辛卯不誤，則應為11月，11月丙寅朔，辛卯為26日。《唐會要》卷二八亦記此事：「先天元年十月七日（即癸卯），幸新豐，獵於驪山之下」（《通鑒》二百十，《玉海》卷一四四引《會要》同，惟於七日下注：「紀辛卯」）。此事恐應以《冊府》卷一百十五之記載為確。當時玄宗九月就準備啟程，因其時除朝宗、九齡等極諫之外，侍中魏知古亦以詩諫。《冊府》卷三百十九：「魏知古，玄宗時為侍中。先天元年十月，獵於驪山之下，知古上詩諫之。手詔……賜物五十段，以申勸獎。」所以九月未動，十月七日駕也未離京，而是太上皇先啟駕新豐。玄宗直到11月26日始幸新豐。

九齡散秩宣義郎，從七品；實職左拾遺，從八品上階；內供奉，在唐為一寵職，沒有固定品級，其品級隨實職而定。不僅拾遺有內供奉，監察御史、侍御史、殿中侍御史、中書舍人、詹事府司直等官均有內供奉，中書、門下省各要員均有任此職者，如宋璟在官吏部侍郎之時，就曾兼諫議大夫、內供奉（《新傳》）。九齡此後也曾官中書舍人內供奉。

本年正月己丑，太赦天下，改元太極；五月辛未，太赦天下，改元延和；八月庚子，中宗傳位皇太子李隆基，自稱太上皇帝；甲辰，太赦天下，改元先天（《舊紀》）。

唐先天二年（開元元年）（公元713）癸丑

三十六歲。

在宣義郎左拾遺內供奉任。

年中，向宰相姚崇獻書，勸其近君子遠小人，任人當才，不要溺在緣情

《上姚令公書》：「月日，左拾遺張九齡謹奏記紫微令梁公閣下……今君侯秉天下之鈞，為聖朝之佐，大見信用，日渴太平，千載一時……舉朝之眾傾心，前人之弊未盡，往往擬議，愚用惜焉。何者？任人當才，為政大體；與之共理，無出此途。而曩之用才，非無用人之鑒，其所以失，溺在緣情之舉。夫見勢則附，俗人之所能也；與不妄受，志士之所難也。君侯察其苟附及不輕受，就而厚之，因而用之，則禽息之首，為知己而必碎；豫讓之身，感國士而能漆。至於合如市道，廉公之門客虛盈；勢比崔羅，廷尉之交情貴賤。初則許之以死，徇體面俱柔；終乃背之而飽飛。身名已遂，小人恒態，不可不察……此至願也，幸甚幸甚」（集卷十六）。」

姚崇當即與之回書說：「忽辱箋翰，喜慰攸集；退自循省，慚懼亦深。實智力所不逮也，宜朝廷之見責也。僕本凡近之才，素非經濟之具，叨承過聽，謬膺朝委。自少及長，從微至著，惟以直道為業，匪以曲路期通。歷宦三朝，年逾一紀，凡所贊薦，罕避嫌疑。實有祁奚之舉，非無許允之對。則天之世已被流言，行之有常，久而自辨。近蒙獎擢，倍勵駑庸。每以推賢進士為務，欲使公卿大夫稱職……而悠悠之徒，未足矜察；嗷嗷之口，欲以中傷……既不得奉身而退，但知信心而前」（集卷十六附姚崇《姚令公答書》）。

《楊譜》：「歲末，上書姚崇，勸其遠諂躁，進純厚；任人當才，無溺緣情。」並作考云：「本集卷十六《上姚令公書》云：『左拾遺張九齡謹奏記紫微令梁公。』按《通鑒》卷二一〇云：『開元元年十月甲辰……（姚元之）拜兵部尚書同中書門下三品。……左拾遺曲江

張九齡以元之有重望，爲上所信任，奏記勸其遠諂躁，進純厚……元之嘉納其言。十二月壬寅，以元之爲紫微令。』上書既稱『紫微令梁公』，當在十二月壬寅以後。又書後附載姚元崇答書有『近蒙獎擢』之語，落款則自署『元崇』。考《舊書》卷九六本傳云：『本名元崇……突厥叱利元崇構逆，則天不欲元崇與之同名，乃改爲元之……遷紫微令，避開元尊號，又改名崇。』今既復用本名，未避開元尊號，當在兼紫微令後不久。《通鑒》敘於十月，蓋連類書之。」《何譜》亦據《通鑒》置本年。

《和黃門盧侍郎詠竹》

黃門盧侍郎，黃門侍郎盧懷慎。《舊紀》：「開元元年十二月甲寅，門下侍郎盧懷慎同紫微黃門平章事。」《大詔令集》卷四四《盧懷慎平章事制》亦作「開元元年十二月」。三年正月「癸卯，黃門侍郎盧懷慎爲檢校黃門監。」九齡與黃門侍郎盧懷慎唱和，應在開元元年十二月爲相前。若在爲相後，似不應再以「侍郎」相稱。何、劉、均繫二年，《楊譜》開元二年亦言：「九齡和詩當在去臘和明正之間，尤以作於今年爲可能。」恐不甚妥。故移置元年。

唐開元二年（公元714）甲寅

三十七歲。

在宣義郎左拾遺內供奉任。

閏二月，與公卿以下百三十人和玄宗《龍池篇》，有《奉和聖製龍池篇》之作。

《唐會要》卷二二：「開元二年閏二月，詔令祠龍池。六月四日，右拾遺蔡孚獻《龍池篇》，公卿以下一百三十篇，太常考其詞合音律者爲《龍池篇樂章》，共錄十首。」這十篇樂章分別爲姚崇、蔡孚、沈佺期、盧懷慎、姜皎、崔日用、蘇頲、李乂（一誤作義府，）、姜晞、裴漼所作，今存《全唐詩》。

《何考》開元二年：「公詩疑作於本年仲春祭龍池之時。」《劉注》亦言：「當是一時奉和之作無疑。」《楊譜》開元二年：「六月，有《應制龍池篇》。」

《奉和吏部崔尚書雨後大明朝堂望南山》

「吏部崔尚書」，當爲吏部尚書崔日用。《新唐書‧崔日用傳》：「由荊州長史入奏計，因言太平公主逆節有萌……及討逆……以功益封二百戶，進吏部尚書……坐兄累出爲常州刺史。」討太平在開元元年七月，其進吏尚在此後。開元二年夏六月作《龍池篇》樂章第六章「龍興白水」，署吏尚銜（《舊書》卷三十）。其兄崔日知，在京兆尹任因貪暴不法，爲人所糾，貶爲歙縣丞。事在開元三年十二月（《通鑑》二百十一）。日用受累貶常州當與兄同時。故九齡與吏尚崔日用唱和在開元元年七月後，三年十二月前（參嚴耕望《唐僕尚丞郎表‧吏尚》及輯考）。九齡詩言：「秋空月正懸」，則與日用唱和，當在開元二年或三年秋，暫繫本年。《何考》繫開元二年，但引《通鑑》：開元二年五月，姚崇「請知古攝吏部尚書，知東都選事，遣吏部尚書宋璟於門下過官。」遂斷言日用之拜吏尚「必在開元元年七月四日以後，二年五月以前。」則誤。既在二年五月前，何來本年秋九齡與吏尚之崔日用唱和？大明朝堂，當指大明宮東西朝堂。《劉注》謂指含元殿，含元殿僅爲大明朝堂眾多殿閣之一（參《唐兩京城坊考‧西京大明宮圖》），此注恐不妥。

《楊譜》開元三年：「前年至今年之間，有和崔日用《朝堂望南山》詩。」

《和崔尚書喜雨》：崔尚書：吏部尚書崔日用。《舊紀》：「開元二年春正月，關中自去秋至於是月不雨，人多饑乏，遣使賑給……名山大川，並令祈祭。」二月「己酉，以旱，親錄囚徒。」詩言：「上念人天重，先祈雲漢回。」故《何考》言「詩當作於祈雨有應以後。」約當開元二年春間。《劉注》：「全詩口氣輕鬆，與所記情形不類。姑錄以備考。」

《與袁補闕尋蔡拾遺，會此公出行。後蔡有五韻詩見贈，以此篇答焉》

袁補闕、蔡拾遺：《何考》：「袁補闕，疑即袁暉」；「蔡拾遺疑即蔡孚」。所疑甚是。袁暉爲左補闕，是魏知古作紫微令時所拔，時在開元二年前。蔡孚，開元二年六月獻《龍池篇》樂章，署右拾遺。何繫此詩開元二年，劉從之，近是。

唐開元三年（公元715）乙卯

三十八歲。

在宣義郎左拾遺內供奉任。

5月20日，直接向皇帝上封書言慎擇州縣親民之官事。

《上封事書》：「五月二十日，宣義郎左拾遺內供奉臣張九齡謹再拜，死罪死罪，上書開元神武皇帝陛下……陛下自克清內難，光宅天下，常欲躋人於富壽，致國於太平……今六合之間，元元之眾，莫不懸命於縣令，宅生於刺史，陛下所與共理，此尤親於人者也。多非其任，徒有其名……是以親人之任，宜得其賢；用才之道，宜重其選……臣今所言上刺史縣令等事，一皆指實，縱臣所欲變法，不合時宜，伏望更發睿圖，及詢於執事，作爲長算，振此頹風，使官修其方，人受其福，天下幸甚」（集卷十六）。

《元龜》卷五三三：「張九齡，開元三年爲左拾遺，上疏曰：古之選用，職其聲稱；或遙聞辟召；或一見任之；是以士修素行而流品不雜。」語見五月二十日《上封事書》。

《通典》卷十七：「開元三年，左拾遺張九齡上書：『夫元元之眾，莫不懸命於縣令，宅生於刺史，陛下所與共理，此尤親於人者也』」（又見《唐會要》七四、《通志》五九）。「元元之眾」等語，亦見《上封事書》。

《玉海》卷一一七：「開元三年，張九齡言：吏部精案牘而忽人才，所謂遺劍中流，刻舟以記。」按，「遺劍中流，刻舟以記」等語，亦見《上封事書》，知此疏三年所上。

《何譜》開元三年：「上封事請重刺史縣令之選，及採辟舉之法。」

卷二《和黃門盧監望秦始皇陵》，黃門盧監：黃門監盧懷慎。《舊紀》：開元三年正月「癸卯，黃門侍郎盧懷慎爲檢校黃門監。」四年十一月｜辛丑，黃門監兼吏部尚書盧懷慎卒。」盧懷慎原唱已佚。詩當寫於開元三、四年間。姑繫本年。

《蘇侍郎紫微庭各賦一物得芍藥》、《和蘇侍郎小園夕霽寄諸弟》

蘇侍郎：中書（紫微）侍郎蘇頲。紫微庭，紫微（中書）省。先天二年十二月，改中書省爲紫微省。玄宗朝中書（紫微）侍郎，先天

二年七月前爲陸象先，「癸丑，中書侍郎陸象先爲益州長史兼劍南道按察兵馬使。」「庚辰，王琚爲中書侍郎。」開元二年閏二月乙未，「紫微侍郎趙國公王琚左授澤州刺史」(《舊紀》)。《唐會要》卷五四：「開元元年十二月，上詔宰臣謂曰：『從工部侍郎有得品書侍郎者否？』對曰……上曰：『蘇頲可除中書侍郎。』仍令宰臣宣旨，秘入政事院，便供政事食。明日加知制誥」(《元龜》五百五十同)。則蘇頲秘授中書侍郎兼知制誥在先，王琚貶澤州在後。但據《舊紀》，先天二年十二月庚寅朔，大赦天下，改元開元，同時改中書省爲紫微省，中書侍郎則應爲紫微侍郎。《會要》元年十二月仍稱中書侍郎，應誤。開元四年（閏）十二月「乙丑……紫微侍郎許國公蘇頲同紫微黃門平章事」(《舊紀》、《元龜》七二)。蘇頲爲中書（紫微）侍郎在開元二至四年。四年底入相。《何考》開元四年：「此詩仍稱蘇侍郎，似當作於拜相以前。」從《劉注》移置本年。

《送蘇主簿赴偃師》

蘇頲有《從叔任偃師主簿以馬鞭等奉別贊五首》，九齡所送之偃師蘇主簿，當即蘇頲從叔。《元和姓纂》卷三「十一模·蘇」：「夔，隋鴻臚少卿，生勖、亶。勖，駙馬、吏部侍郎、秦府學士，生均、幹。均，虔州刺史，生儁。幹，工部尚書。生獻，駕部郎中……亶，台州刺史。生瓌、琛。瓌，侍中、左僕射、許文貞公，生頲、冰、詵、又、穎、顏。」《姓纂》及《新表》勖子有三，除均、幹二人外，還有「昱，濟州刺史。」岑仲勉校記據《蘇昱德政碑》等考定蘇昱爲蘇儇之子，「勖、亶之間，蓋奪『儇』字。」故蘇頲之從叔，有蘇均、蘇幹與蘇昱。蘇幹早爲來俊臣迫害致死，當非其人。故偃師主簿疑爲蘇均或蘇昱。《人名考》「疑爲蘇縮」，不從。《何考》繫此詩開元十五年出守前，恐非。九齡有《和蘇侍郎小園夕霽寄諸弟》、《和蘇侍郎紫薇庭》二詩，均爲蘇氏開元四年拜相前所作，此詩作時應與之相近，當爲拾遺時作，暫繫本年。

《故滎陽郡君蘇氏挽歌詞三首》

《何考》開元二十五年：「此詩年月無考，暫定爲公貶荊州以前之作，以俟續考。」蘇氏，封滎陽郡君，其名不詳，九齡謂其「門緒公侯列」，又言「二宗榮盛日」，據九齡交遊，疑爲蘇頲姊妹行。丈夫也

不知是否爲曾封滎陽縣男且死於開元十年的鄭惟忠？從「永歎芳魂斷」看，蘇氏當爲英年早逝，詩似作於開元三年左右，約與九齡跟蘇頲唱和時間相當。

《論內勘別宅婦女事狀》

《冊府》卷一五九：（開元）「三年二月丙辰制曰：帝王之政，必厚風俗；男女不別，深蠹禮經。至於別宅婦人，久未悛革；近令檢括，配入掖庭，將示小懲，使及知禁。朕念其愚惑，尚在含弘，思屈常憲，許其遷善，特放出令府縣即配嫁，不得影認，更爲藏匿。畜別宅人，容其自新，並宜放免。自今已後，更有犯者，並准法科斷。五品以上，仍貶授遠惡處官，婦人配入掖庭。縱是媵妾，亦不得別處安置，即爲例程。」卷六一二又載開元五年詔：「別宅女婦，先施禁令，往來括獲，特以寬容，何得不悛，尚多此事？國有常法，宜置於理方，畫一於後刑。故三令以先德，俾從輕法，以愧其心。今所括獲者……婦女並放出掖庭，令京兆尹李朝隱求匹配嫁，遣之京都，作戒天下。敢更犯者，一依常格」（《大詔令》卷一百九作《禁別宅婦人詔》，開元五年七月）。據此二詔，九齡疏狀應寫於開元三年至五年間。又，《英華》卷六二四有張廷珪《論別宅婦女入宮表》二，其一云：「臣位在黃門，年高白首。」《舊傳》：「開元初，入爲禮部侍郎……再遷黃門侍郎。」《通鑑》卷二一一：開元二年正月，「禮部侍郎張廷珪、酸棗令宗楚客皆上疏。」諫玄宗「宜崇經術、邇端士、尚樸素，深以悅鄭聲、好遊獵爲戒。」《通典》卷一百九十六：「開元二年八月，監察御史蔣挺有所犯，敕朝堂杖之。黃門侍郎張廷珪執奏曰：『御史司憲，清望耳目之官。有犯，（殺當即殺）流當即流，不可決杖，可殺不可辱也。』」不久，即「坐泄禁中語，出爲沔州刺史」（《舊傳》）。張廷珪爲黃門侍郎在開元二年正月至八月間，解除黃門職約在三年中，也就是在上《論別宅婦女入宮表》後不久。郁賢皓《唐刺史考全編》卷一三六置張廷珪爲沔州刺史在開元五至六年，不妥。其開元六年二月，即由沔州刺史遷蘇州刺史（《元龜》卷一七三）。始任應在開元三年（715）中或四年初。張九齡此狀，似應與張廷珪表同上者，即開元三年二月丙辰後不久。《何考》置開元三年，是。

《故中散大夫并州盂縣令崔府君夫人源氏墓誌銘》

集本原無，據周紹良《唐代墓誌彙編》上，志爲張九齡撰，尾署：「宣義郎左拾遺內供奉范陽張九齡撰，宣義郎魏州館陶縣尉吳興姚文簡書。」源氏開元三年歲次乙卯「終於同州之官第。」「以其年十月乙酉」，「遷祔於洛陽北邙之舊塋。」誌當撰於十月乙酉前後。《何考》繫本年，從之。

唐開元四年（公元 716）丙辰

三十九歲。

在宣義郎左拾遺內供奉任。

春二月，與中書令姚崇唱和。

《和姚令公從幸溫湯喜雪》

姚令公：紫微令姚崇。姚崇先天二年復遷紫微令，四年十二月罷。此間，玄宗曾五幸新豐溫湯：一在元年，「冬十月甲申，幸新豐之溫湯。」一在二年「九月戊申，幸新豐之溫泉。」一在三年十一月，「乙酉，幸新豐之溫湯。」一在四年二月，「丙辰，幸新豐之溫湯。」一在四年十二月，「乙卯，幸新豐之溫湯」。四年十二月一到新豐，就讓姚崇罷知政事（《舊紀》）。《何考》據《冊府》一一三開元二年十一月甲辰詔：「惟此新豐（卷四九○引者下有溫湯二字），是出古之順豫，義兼巡省。頃者觀風，數臨茲地。況冬降積雪，春期有年……雖千乘萬騎，咸給於主司，而累月再來，頗勤於掃除。且下復蠲之令，慰其望幸之心。」並據此推測「大抵開元二年冬十月戊申（紀爲戊午）自溫泉還宮後，十一月甲辰再度巡幸……再幸新豐溫泉或適逢大雪。姚崇等因而賦喜雪之詩，似亦有可能。」《劉注》從之。均繫此詩開元二年冬十一月，誤。《國秀集》卷下收蘇頲《奉和姚令公駕幸溫湯喜雪應制》一首，又見《全詩》卷一一三。從詩題看，當與九齡同時作和。蘇詩有「林變驚春早」之句，時應爲春；又《舊紀》開元三年明記「是冬無雪。」四年又記：「二月丙辰，幸新豐之溫湯。丁卯，至自溫湯。以關中旱，遣使祈雨於驪山。」正因去冬無雪，冬春旱，今春見雪才「喜」。故九齡詩據此當作於開元四年春二月。

《故刑部李尙書挽歌詞三首》、《和姚令公哭李尙書》

  姚令公，紫微令姚崇。其爲紫微令期間，有二位刑部李尙書卒。三
  年「秋七月，刑部尚書李日知卒。」四年春正月「丁亥……刑部尙
  書中山郡公李乂卒」（蘇頲《李乂神道碑》及《詩法記》均作「丙辰
  歲仲春癸酉」）。表面難定「故刑部李尚書」爲誰。《楊譜》在《故刑
  部李尚書挽歌三首》下作考說，據《舊傳》李日知爲「鄭州滎陽人」，
  李乂爲「趙州房子人」，而九齡挽詞有「仙宗出趙北」之句，「是知
  所挽者乂，非日知。」按：《英華》三百二、《全詩》四九，錄和姚
  令公哭李尚書詩，題又作「和姚令公哭李尚書乂」，此其一；李日知
  生前所任諸職，與九齡無直屬關係，李乂開元初姚崇爲紫微令，薦
  李乂爲紫微侍郎，二人均爲時任左拾遺的九齡的直接上司。九齡與
  姚崇不協，李乂亦受姚崇排擠爲刑尚。李乂死，九齡無依，年中便
  掛冠南歸。故二詩之「故刑部李尚書」爲李乂無疑。顧建國《補證》
  謂《編年史》說「李尚書」是李乂誤，當失考。

《登樂遊原春望書懷》

  《劉注》：「此詩當是開元四年春所作。九齡是年將及四十，而久居
  下位，又與時宰不協，故有『玄髮換』、『籠中鳥』之歎，甚至說出
  『既傷日月逝，且欲桑榆收』的歎老嗟卑之詞。何格恩《編年考》
  繫於開元二十五年，無據，且與『已驚玄髮換』、『豹變焉能及』之
  語不合，蓋誤。今不從其說。」《何考》開元二十五年下言：「至遲
  作於本年春」，沒有言定作於二十五年；劉說甚是，從之。

本年夏至前，以明皇即位五年，未行親郊大報之禮，故上書請求郊祀

  《舊唐書·本傳》：「九齡對策高第，遷右拾遺。時帝未行親郊之禮，
  九齡上疏曰：『伏以天者，百神之君，……可謂無遺矣。』」《文獻通
  考》卷七十謂「開元三年，上表請郊祀。」《何考》據疏文：「伏惟陛
  下紹休聖緒，其命維新，御極已來，於今五載。」繫開元四年，從之。

  《舊傳》：「爲左拾遺，時玄宗即位未郊見，九齡建言：『天者百神之
  君，王者之所由受命也』」（《新傳》略同）。

  《玉海》卷九三言：「《張九齡傳》：玄宗即位未郊見，開元三年（應
  爲四年）九齡建言：繼統之主，必有郊配，敬天命報所受也。」

《何考》:「玄宗即位於先天元年八月,至開元四年適爲五載。疏當上於此年。」《何譜》略同。

《和崔黃門寓直夜聽蟬之作》

《何考》:「《通鑒》卷二一〇景雲元年:『秋七月癸丑,以兵部侍郎崔日用爲黃門侍郎,參知機務。戊辰,以日用爲雍州長史。』此詩當作於七月戊辰之前。詩中『思深秋欲近』一句,《文苑英華》卷一九一作『秋深聞欲近』。但七月非秋深,仍以集爲是。」《劉注》同。

按:何、劉均以崔黃門爲崔日用,但日用爲黃門侍郎在景雲元年七月,且前後只有半月。再則,九齡時爲小小校書郎,也不可能與參知機務的黃門侍郎在一起寓直或唱和。崔黃門,當非景雲間黃門侍郎崔日用。蘇頲《唐紫微侍郎贈黃門監李乂神道碑》記李乂「開元丙辰歲仲春癸酉,薨於京師宣陽里第……其夏丙申,卜葬長安細柳原……散騎常侍扶風馬懷素、黃門侍郎清河崔泰之、洎紫微侍郎蘇頲,祖於延年門外」(《英華》卷八九三)。「開元丙辰歲」爲開元四年,其時崔泰之在黃門侍郎任。而九齡時官左拾遺,其官本屬門下省,是侍中與黃門侍郎的屬官,其與黃門侍郎崔泰之在一起寓直唱和,理所當然。《舊紀》記李乂死於四年春正月。九齡四年秋間即已離京南還,則其與黃門侍郎崔泰之唱和當在四年秋前。從「思深秋欲近」句看,當作於夏六月末。姑繫四年。九齡與崔泰之唱和,除此詩外,送張說赴朔方軍巡邊,也同有唱和作品傳世,時爲開元十年。也就是說,開元十年前,九齡都有可能與崔泰之唱和。

《高齋閑望言懷》

《劉注》:「此詩當是任校書郎時所作。今繫之於景龍四年秋。」按:詩言「薄宦此中州」,肯定爲任京官時作;又言「歲華空苒苒,心曲日悠悠。坐惜芳時宴,胡然久滯留?」景龍四年(710),九齡任校書三年未滿,不可謂「久滯留」。其思歸是因與時相不諧。故應爲任拾遺間作,今暫繫開元四年(716)南歸前。

《敘懷》

詩云:「已矣直躬者,平生壯圖失。去去勿重陳,歸來茹芝朮。」《劉注》:「此詩當是開元四年辭官歸里,初返故鄉後所作。」按:詩約爲開元四年辭官歸家前作,大致可定。

《通化門外送別》

　　《劉注》：「何格恩《編年考》繫此詩於開元二十五年，無據，當誤。蓋詩中云『屢別容華改』，知九齡時年未得云老；又云「薄宦無時賞」，與身居相位之職亦不稱。今繫之開元四年去官歸里前。」所言有理，從之。通化門，唐長安城東北門，在興寧坊與永嘉坊外。

《秋懷》

　　詩云：「感惜芳時換，誰知客思懸。憶隨鴻向暖，愁學馬思邊。留滯機還息，紛拏網自牽。東南起歸望，何處是江天。」《劉注》：「此詩當是九齡任秘書省校書郎時期之作。今繫於景龍四年秋。」按：詩與《敘懷》等詩意同，當作於為拾遺後期。今繫此。

本年秋，因與宰相姚崇不協，上疏欲稱病南歸

　　《楊譜》開元四年：「秋，以忤時相，告病南歸。」證云：「春間尚在長安，則南歸必在春後；而徐碑復於歸詔後書開鑿大庾嶺路事，開始在今年十一月（詳下），則南還又必早於其時。考本集卷四《南還湘水言懷》云：『拙宦今何有，勞歌念不成。十年乖鳳志，一別悔前行。』自景龍元年丁未解褐，至今年丙辰正十年，而此詩又有『江間稻正熟，林裏桂初榮』之語，足證南還在今年秋間。」

《南還以詩代書贈京都舊僚》

　　詩云：「舊宦晨昏闕，遵尊義取斯。窮愁年貌改，寂歷爾胡為。不諂詞多忤，無容禮益卑。微生尚何有，遠跡固其宜。……及此風成歎，何時露可披。自憐無用者，誰念有情離。望美音容闊，懷賢夢想疲。因聲達宵漢，持拙守東陂。」《何考》：開元四年下云：「疑為本年之作。」「詩云『舊宦晨昏闕』，言欲歸養也。『不諂詞多忤，無容禮益卑。微生尚何有，遺跡固其宜。』言不得志也。『上慚伯樂顧，中負叔牙知。』言有負張說等的提拔也。『歲逢霜雪苦，林屬蕙蘭萎。』蓋歲暮之景色也。『土風從楚別，山水入湘奇。』蓋公南歸取道荊湘也。」《楊譜》亦置四年，從之。

《將發還鄉示諸弟》

　　詩云：「歲陽亦頹止，林意日蕭槭。云胡當此時，緬邁復為客？至愛孰能捨，名義來相迫。負德良不貲，輸誠靡所惜。一木逢廈構，纖

塵願山益。無力主君恩，寧利客卿璧。去去榮歸養，憮然歎行役。」

《何考》：開元四年下云：「疑爲本年之作。」「《徐碑》云：『封章直言，不協時宰。方辭屬病，拂衣告歸。太夫人在堂，承順左右，孝養之至，閭里化焉。』詩云：『歲陽亦頹止，林意日蕭摵。』蓋歲暮之景色也。又云：『無力主君恩，寧利客卿璧。去去榮歸養，憮然歎行役。』言不得志而歸養也。」從之。

《南陽道中作》

《劉注》：「此詩當是景龍三年奉使南歸，已復北上途中所作。何格恩《編年考》繫於開元十四年祭南嶽後北還所作，無據。且與詩意『空持遼豕白』、『迷復期非遠』不合。又九齡祭南嶽後往天台山，不當又經南陽。今不從其説。」按：此詩當是開元四年掛冠歸家時所作。「迷復期非遠，歸歟賞農隙。」是當時所想，與「去去榮歸養」意同。南陽，唐屬鄧州，今河南省南陽縣。

《南還湘水言懷》

《何考》：「《南還湘水言懷》：『拙官今何有？勞歌念不成。十年乖夙志，一別悔前行……江間稻正熟，林裏桂初榮……時哉苟不達，取樂遂吾情。』細味詩意，疑爲登第後不得志南歸途中作，時間則約在秋初也。」又於景龍四年《與李讓侍御書》下作考説：「大抵曲江公自景龍元年授校書郎後，自嫌位卑俸薄，次年便南歸省親。」按：《劉注》：「此詩當亦開元四年秋去官南歸途中所作。詩中云『十年乖夙志，一別悔前行。』蓋追悔出仕之意也。九齡於景龍元年中材堪經邦科授秘書省校書郎，至是年去京歸里，前後恰是十年，是其證。詩中之意亦與去官南歸諸詩相合。何格恩《編年考》疑爲登第後不得志南歸途中作，繫於景龍二年秋，誤，非唯無據，且與詩中所言不協。」是。

《道逢北使題贈京邑親知》

《何考》：開元四年下云：「疑爲本年之作。」「詩云：『故人憐別日，旅雁逐歸時。歲晏無芳草，將何寄所思？』亦歲暮之景色也。」《劉注》亦謂開元四年秋南歸之作，從之。

《初發江陵言懷》

《劉注》：「此詩當是開元四年秋去官歸里途中所作。觀詩中云：『扁

舟從此去，鷗鳥自爲群』，又云：『復想金閨籍，何如夢渚雲』，可證。
何格恩《編年考》繫於開元十四年奉使祭南海時途中所作，誤。」
《劉注》可從。

《耒陽溪夜行》

《何考》謂與上《自湘水南行》二詩，「疑爲祭南嶽後，南行道中所作。」《劉注》從其說。我以爲，從詩中所言「嵐氣船間入，霜花衣上浮」所描繪的時間看，當爲秋冬間，與開元十四年南還值盛暑時間不符。詩言：「猿聲雖此夜，不是別家愁。」似爲開元四年辭官南還時所作。

《秋晚登樓望南江入始興郡路》、《自豫章南還江上作》

《何考》開元十八年：「以上二詩疑爲由洪州赴桂州任途中作。」按：《秋晚登樓望南江入始興郡路》詩《劉注》：「此當是開元十五年洪州任上所作。」何、劉二人繫年似均與詩意不符。詩云：「我來颯衰鬢，孰云飄華纓……物生貴得性，身累由近名。內顧覺今是，追歎何時平。」詩用陶潛《歸去來辭》：「覺今是而昨非。」陶潛是在辭彭澤令時所寫，張九齡唯一與陶潛相似之時就是辭左拾遺。故詩應寫於開元四年辭官南還之時。

《林亭寓言》

「林居逢歲晏，與物使情多。衡茞不時與，芬榮奈汝何。更憐籬下菊，無如松上蘿。因依處有命，非是隔陽和。」《何考》、《劉注》均繫於開元四年詩人去官歸養，在家閒居所作。從之繫本年。

《園中時蔬盡皆鋤理唯秋蘭數本委而不顧彼雖一物有足悲者遂賦二章》

《劉注》：「此詩當是開元二十八年拜掃南歸後，居家所作。」《何考》亦疑爲本年在家閒居所作。按：九齡春間歸，夏五月七日卒。詩言：「蘭時獨不偶，露節漸無芳。」秋蘭已至「漸無芳」的秋節，則時應爲深秋後。故詩不當是二十八年作，或爲開元四年秋南歸後所作。

回鄉後，曾就開鑿大庾嶺南路的技術性問題陳述自己的意見。十一月，詔其以左拾遺內供奉身份出使韶州，總督斯役

《徐碑》：「遷左拾遺，封章直言，不協時宰。方屬辭病，拂衣告歸……始興北嶺峭險巉絕，大庾嶺南谷，坦然平易。公乃獻狀，詔委

開通。曾不浹時，行可方軌。特拜左補闕。」《開鑿大庾嶺路序》：「開元四載冬十又一月，俾使臣左拾遺內供奉張九齡飲冰載懷，執藝是度」（集卷十七）。此事不見兩傳。通常以張九齡爲開大庾嶺南路的建言者和主持施工者，實際情形恐非如此。

《開鑿大庾嶺路序》序云：「先天二載，龍集癸丑，我皇帝御宇之明年也，內理及外，窮幽極遠，日月普燭，舟車運行，無不求其所寧，易其所弊者也。初，嶺東廢路，人苦峻極。行逕寅緣，數里重林之表；飛梁嶔巇，千丈層崖之半。顛躋用惕，斬絕其元。故以載則曾不容軌，運則負之以背。而海外諸國，日以通商，齒革羽毛之殷，魚鹽蜃蛤之利，上足以備國庫之用，下足以贍江淮之求。而越人綿力薄材，夫負妻戴，勞亦久矣，不虞一朝而見恤者也。不有聖政，其何以臻茲乎？開元四載冬十又一月，俾使臣左拾遺內供奉張九齡飲冰載懷，執藝是度。緣磴道，披灌叢，相其山谷之宜，革其阪險之故。歲已農隙，人斯子來，役非逾時，成者不日，則已坦坦而方五軌，闐闐而走四通。轉輸以之化勞，高深爲之失險」（集卷十七）。

從九齡的這篇序文看，大庾嶺南路的開鑿早在先天二載（713）即已開始，但工程進展緩慢。始建議開鑿南路者爲誰，已不可考。九齡獻狀，應是就工程的具體施工等技術性問題提出了自己的意見，所以，玄宗才讓他以左拾遺內供奉的身份出使韶州，負責這項工程的具體施工。

《陪王司馬登薛公逍遙臺》、《歲除陪王司馬登薛公逍遙臺序》

「今司馬公英達好古，清譽滿時；跡有忤於貴臣，道未行於明主。以長沙下國，同賈誼之謫居；六安遠郡，無桓譚之不樂。」《何考》：開元五年下言：「《曲江縣志》卷八云：『逍遙臺在城南五里武水東，隋刺史薛道衡建。今圮。』『今司馬公』縣志作『州司馬王公履。』按《曲江集》卷二有《酬王履震遊園林見貽》，卷三又有《與王六履震廣州津亭曉望》，疑即其人。縣志載此序，末著『開元四年正月望日』等字，未悉有何根據？序云：『南土陽和，覺寒氣之向盛；東郊候暖，愛春色之先來。』似當作於春初歲首。但四年正月公尚未南歸；故暫排於五年之首，以俟續考。」又同時於《陪王司馬登薛公逍遙臺》詩下作考云：「唐人集會賦詩必有序，此詩當與序同時。詩

云：『水去朝滄海，春來換碧林。』正初春之景色也。」《劉注》：「何格恩《編年考》以此詩繫於開元五年春，當是。今從其說。」按：何、劉二先生以詩文中有「東郊候暖，愛春色之先來」，「水去朝滄海，春來換碧林」等字樣，遂以五年春作，殊不知開元四年閏十二月，立春在年前，故《序》言春色先來。且題有「歲除」二字，顯然作於開元四年「歲除」之日。

唐開元五年（公元717）丁巳

四十歲。

在左拾遺內供奉任。

年初，督修大庾嶺南路。

《自始興溪夜上赴嶺》：《劉注》：「何格恩《編年考》以爲開元四年赴大庾嶺開路時作，然詩中無一語及之。蓋開路之議由詩人出，不當如此，是可疑也。又開路爲冬十一月，與詩所言亦不相合。且何氏本無據，今不從其說。據詩中言『征途累及此，初服已非然』測之，必非初次北上，又非出仕已久，故仍繫於景龍三年秋，奉使南歸後北返途中所作。」按：張九齡根本無「景龍三年秋，奉使南歸」之事，故繫景龍三年秋不妥。「赴嶺」之「嶺」當指大庾嶺。《何考》非爲無據。從之繫開元五年。

年中路成奏捷。

《新書・地理志七上》：「韶州始興郡……始興，下。有大庾嶺新路，開元十七年，詔張九齡開。」（《玉海》卷二四「唐大庾嶺新路」條、《御定淵鑒類函》卷三五二引《地理志》同）。不知《新志》何據。

《楊譜》：「《新書》卷四三上《地理志》云：『大庾嶺新路，開元十六（應爲七）年詔張九齡開。』」誤也。

在家休居期間，與貶官韶州司馬王㫋及曲江縣尉王履震交遊唱酬

《酬王履震遊園林見貽》

自我棲幽谷，逢君翳覆盆……地偏人事絕，時霽鳥聲繁。

《陪王司馬宴王少府東閣序》

「王六官志其大者，司馬公引而申之。謫居何心？不欲賈生之投弔；

窮愁非我，安用虞卿之著書？」知王司馬及王履震均爲貶官。九齡
與之交往，在春間。

《酬王六霽後書懷見示》

「炎氛霽後滅，邊緒望中來。」在夏間。

《晚憩王少府東閣》

「空水秋彌淨，林煙晚更濃。」爲秋間作。《楊譜》：「疑王少府或即
王六履震，未能定也。」

《晚霽登王六東閣》

《劉注》：「此詩當是開元五年秋所作。」

《爲王司馬祭甄都督文》

「維開元五年，歲次丁巳，九月丁酉朔，十四日庚戌，官某，謹以
清酌之奠，祭於廣州都督甄公之靈。」《全唐文》卷二二七張說《唐
故廣州都督甄公碑》：「君諱宣，字道一……春秋五十有七，開元五
年七月二十八日，終於官舍。」《楊譜》亦置本年。

《爲王司馬祭妻父文》

「公之謫宦，某又犯時……雖窮途之至此，幸鄰境之在茲。」《何考》
於開元五年下作考云：「此文《曲江集》卷十一原編在《爲王司馬祭
甄都督文》之前，但姓名年月均闕，故撰作之時間，無從推定，暫
排於此。」並據祭文推定「王司馬之妻父必爲奉敕賜死者也。」

《晚霽登王六東閣》

「彼美要殊觀，蕭條見遠情。」《劉注》：「此詩當是開元五年秋所作。」
從之。按：《文苑英華》卷三百十四於《題鮑行軍小閣》詩下署「嚴
維」，接下即收這首《晚霽登王六東閣》詩，題下署「前人」。按《英
華》慣例，此詩也當爲嚴維作。《淵鑒類函》卷三四七亦作嚴維詩。
《全唐詩》卷四八作九齡詩，卷八八三「補遺二」重收此詩，作嚴
維詩，無互注。各本《曲江集》均有此詩，岑仲勉《唐人行第錄》、
佟培基《全唐詩重收正收考》均以爲九齡作，至於《英華》是否有
所據，不得而知。

《與王六履震廣州津亭曉望》

《何考》：於開元五年下考云：「按唐代法令，地方官吏不得擅自出
境……王履震原任韶州司馬（按，應爲曲江少府，即縣尉），倘非因

公出差，決不能在廣州津亭曉望。王履震既與甄都督有交情，於開元五年調任廣州司馬；或因甄都督之喪，奉命前往弔祭，均有可能。」

劉斯翰在《酬王六寒朝見貽》詩《題解》中說：「王六，名履震，曾任曲江縣尉。九齡尚有《與王六履震廣州津亭曉望》、《酬王六寒朝見貽》、《晚霽登王六東閣》、《酬王履震遊園林見貽》、《晚憩王少府東閣》諸詩，可參看。綜諸詩內容……可知詩人於開元四年秋辭官歸隱之後，曲江縣尉王履震、韶州司馬王某時相過從，詩酒唱酬。何格恩《編年考》以爲王司馬即王履震，蓋誤。以上舉諸詩文考之，王六、王履震、王少府實爲一人；王司馬另有其人，而名字不可考。何氏引縣志所錄九齡《歲除陪王司馬登薛公逍遙臺序》，其中『今司馬公』爲『州司馬王公履』，當是後人妄改，不足據。」

《溪行寄王震》

「山氣朝來爽，溪流日向清」在秋間。題下應脫一「履」字。《劉注》：「此詩當是開元五年秋初閒居曲江所作。」《何考》引《英華》卷三九九賈至《授王震將作少監制》：「門下：壽王府司馬王震……可將作少監。」謂其「時代似嫌稍後，或另爲一人。《金石錄》卷二十六跋尾十六《唐景陽井銘》云：『右唐景陽井銘，文字磨滅，後有記，開元中江寧縣丞王震撰。』未悉是否此人，尚待續考。」

《春江晚景》

《劉注》：「此詩疑爲開元六年春應詔赴京途中所作。何格恩《編年考》繫於開元十九年桂州任上出巡屬地途中所作，無據，且與詩中情調不甚合，今不從其說。」愚以爲，此詩與以《溪行寄王震》、《與王六履震廣州津亭曉望》二詩時間情調合，且詩明言「薄暮津亭下」，「津亭」當即下詩之「廣州津亭」，故與上二詩爲同時之作。但非作於開元六年春應詔赴京途中，而應爲辭職居家期間所作，故繫開元五年（717）。

《楊譜》開元四年：「將行，有與李讓書。」「審玩書意，當是九齡忤相告歸，欲與讓偕行，而爲所拒，乃移書以求申。又有『忠信獲戾』之語，蓋言忤相事也。」按：此言似可商榷。《與李讓侍御書》中言：「而慈親在堂如日將暮，遂乃甘心附麗，乘便歸寧。不然則命非飲冰，幸安中土，又安能崎嶇執事之末，還無一級，去且二年？」明言離京還家「且二年」，當是歸家後一二年中作，暫繫五年。

唐開元六年（公元 718）戊午

四十一歲。

上年末或本年春遷左補闕。

《徐碑》：「始興北嶺，峭險巉絕，大庚南谷，坦然平易，公乃獻狀，詔委開通，曾不浹時，行可方軌。特拜左補闕。尋除禮部、司勳二員外郎。」

《何考》：開元六年：「拜左補闕疑在本年。……據《唐方鎮年表·考證上》范陽條：張說自岳州刺史授羽林將軍檢校幽州都督為節度在開元六年。公之奉詔入京及拜左補闕，疑與張說之起用頗有關係也。」

春間即從曲江乘傳進京。

《和王司馬折梅寄京邑兄弟》

「獨攀南國樹，遙寄北風時。林倩（一作惜）迎春早，花愁去日遲。」應為本年初春，九齡還在韶州。

《初發道中贈王司馬兼寄諸公》

詩云：「昔歲嘗陳力，中年退屏居」，謂開元四年辭職回鄉事；又云：「不意棲遇谷，無階奉詔書。」「肅命趨仙闕，僑裝撫傳車。」言隱居期間接詔命歸朝；「念行開祖帳」，「行矣豈徒然。」詩當作於奉命歸朝之際。「景物春來異」，春已在路。《何考》開元六年：「公之被召入京，大約在六年春。」《劉注》亦從其說。從之。彭慶生注：「詩當作於開元五年（717）春自曲江赴京時。」（陳貽焮主編《增訂注釋全唐詩》，文化藝術出版社）或未妥。

此次入京，從湘江入長江取道漢水，經襄陽進京。

《江上》

《何考》開元十九年：「疑為本年辭家入朝途中作。」《劉注》：「此詩當是開元六年春奉詔上京就任左補闕時途中所作。是年詩人四十一歲，雖行當春時，而已非年少，故有『芳時屢已過』之歎。何格恩《編年考》繫於開元十九年，無據，且由桂州任赴京，與詩中辭家之意不合，今不從其說。」按：詩云：「憶將親愛別，行為主恩酬。感激空如此，芳時屢已過。」從劉氏繫開元六年。

《湘中作》

　　《何考》開元十九年：「疑爲本年春奉詔入朝途中作。」《劉注》從之。詩云：「湘流繞南嶽，絕目轉青青。懷祿未能已，瞻途屢所經。煙嶼宜春望，林猿莫夜聽。水路日多緒，孤舟天復冥。浮沒從此去，嗟嗟勞我形。」從「轉青青」及「宜春望」等句看，爲春間無疑。十九年入京似應在夏間，時不符；且「浮沒從此去」的心情，亦非十九年所有。今不從何、劉二家説，繫本年。

過岳陽，與時貶岳州的趙冬曦唱和。

《將至岳陽有懷趙二》

　　《何考》開元六年下言：「《曲江集》卷二《酬趙二侍御使西軍贈兩省舊僚》云：『石室先鳴者，金門待制同。』據《唐會要》卷七十六、《冊府元龜》卷六四五：公於先天元年中道侔伊呂科，趙冬曦亦同時中賢良方正科及藻思清華科，故曰金門待制同也。……趙冬曦行二，故稱爲趙二。」又引《新唐書》卷二百儒學下《趙冬曦傳》：「開元初遷監察御史，坐事流岳州。召還，復官。」並説：「查張説之集卷七有《贈趙侍御》、《伯奴邊見歸田賦因投趙侍御》、《同趙侍御巴陵早春作》、《同趙侍御乾湖作》、《同趙侍御望歸舟》等詩，則趙冬曦之貶岳陽州，大抵與張説同時。……開元六年春趙冬曦仍未召還也。」按：《曲江集》卷二《酬趙二侍御使西軍贈兩省舊僚》云：「石室先鳴者，金門待制同。」趙冬曦神龍二年（706）進士及第，授官秘書省校書郎；九齡次年材堪經邦科登第，授校書郎，故趙爲「石室先鳴者」；先天元年（712）九齡與趙冬曦同時制科及第，均授官拾遺，故言：「金門待制同。」何氏所言不詳。岑仲勉《唐人行第錄》有「趙二冬曦」。《楊譜》、繫此詩開元四年秋歸家途中所作，誤。詩云：「草色雖云發，天光或未臨。」顯爲春間。《編年史》謂「罷職南歸時作」，並繫此詩開元五年。則有二誤：1、詩寫於春間，九齡罷職南歸在四年秋，且非五年。2、詩非南歸時寫，恰爲六年北上所作（參顧建國《補證》）。

《登襄陽峴山》

　　《何考》：開元六年：「《登襄陽峴山》詩云：『逶迤春日遠，感寄客情多。』疑爲本年春還京途中作。」從之。

夏四月，在京與起居舍人蔡孚、萬年主簿韓朝宗、杜陵韋司馬等人唱和

《韋司馬別業集序》

序言：「杜城南曲，斯近郊之美者也。背原面川，前崤太一，清渠修竹，左並宜春；山靄下連，溪氣中絕：此皆節（《英華》七百十作「鄭」，四庫本《曲江集》作「郇」）公之有也……開元歲，夏四月，猥忝散職，居多放情，跂彼一行，無忘於夙尚；時其七召，果獲於前期。乃與起居舍人蔡公，萬年主簿韓公，惠而得朋，欣然命駕」（卷十七）。

「起居舍人蔡公」，蔡孚；《太平御覽》卷五九一引《唐書》：「玄宗親製《春臺望》四章二十八句，起居舍人蔡孚奏曰……請宣示百僚及編國史。」《冊府》卷四十：「玄宗開元八年，親製《春雪詩春臺望》一章二十八句，起居舍人蔡孚奏曰：『伏見所製，氣雄詞美……請示百僚及編國史。』手詔答。」《玉海》卷二九記此事亦作開元八年，當有根據。則開元八年前，蔡孚在起居舍人任。「萬年主簿韓公」，韓朝宗；《舊唐書·張嘉貞傳》：「嘉貞作相，薦萬年主簿韓朝宗，擢爲監察御史。」《新傳》：「引萬年主簿韓朝宗爲御史。」張嘉貞作相在開元八年春，故九齡與萬年主簿韓朝宗交，不得晚於本年春。《何考》：開元八年下云：「余頗疑『開元歲夏四月』當作『開元庚申歲夏四月』，歲字之前奪去『庚申』二字。」吾以爲不妥。開元八年春蔡孚在起居舍人任，不等於夏四月還在任，更不等於只八年在任，應是前後若干年在任。韓朝宗開元八年春後顯然不在萬年主簿任，而在監察御史任，故此文寫作時間不得晚於開元八年春。韋司馬，九齡《故韶州司馬韋府君墓誌銘並序》：「君諱某，字某，京兆杜陵人……歷廣州都督府法曹參軍……秩滿，遷韶州司馬。在郡數載……享年五十一，某年月，卒於官舍。粵開元六年冬十二月庚午，葬於少陵原。」前與九齡交者韋司馬，有別業在杜陵，很可能也是杜陵人，官職也是司馬，二者恐應爲一人。若是一人，則此文應寫於開元六年夏四月。

《故刑部李尚書荊谷山集會》

荊谷山，《長安志·萬年縣》：「荊谷，在縣東南二十五里。」《劉注》：「故刑部李尚書，疑指李日知……何格恩《編年考》繫於開元二十五年春。姑從其說。」按：據兩唐書，開元前四年中，有二位刑部李尚書卒。三年「秋七月，刑部尚書李日知卒。」四年春正月「丁

亥……刑部尚書中山郡公李乂卒」（蘇頲《李乂神道碑》及《詩法記》均作「丙辰歲仲春癸酉」）。表面難定「故刑部李尚書」爲誰。《楊譜》在《故刑部李尚書挽歌三首》下作考說，據《舊傳》李日知爲「鄭州滎陽人」，李乂爲「趙州房子人」，而九齡挽詞有「仙宗出趙北」之句，「是知所挽者乂，非日知。」按：《英華》三百二、《全詩》四九，錄和姚令公哭李尚書詩，題又作「和姚令公哭李尚書乂」，此其一；李日知生前所任諸職，與九齡無直屬關係，李乂開元初姚崇爲紫微令，薦李乂爲紫微侍郎，二人均爲任左補闕的九齡的直接上司。九齡與姚崇不協，李乂亦受姚崇排擠爲刑尚。李乂死，九齡無依，年中便掛冠南歸。九齡與李乂交無疑。但此詩之「故刑部李尚書」是誰，從「身退道彌堅」看，似應爲李日知而非李乂。詩言「苔石隨人古」，當作於李氏卒後不久，約開元六、七年間作，不必待到開元二十五年。移繫此。

《爲何給事進亡父所著書表》

《何考》繫開元十四年，考曰：「何給事不知何人：查公之同僚有何鸞者。中宗時爲監察御史（《舊唐書》卷九十三張仁願傳）、開元五年四月爲倉部員外（《唐會要》卷一十八）、九年八月爲中書舍人（《冊府元龜》卷一六二帝王部命使二）、十一年爲太常少卿（《舊唐書·音樂志》三）。但曾否官給事中則史無明徵。暫定爲出守洪州以前之作品，以俟續考。」按：監察御史，正八品上；倉部員外郎，從六品上；給事中，正五品上；中書舍人，正五品上；太常少卿，正四品上。若何鸞曾官正五品上階的給事中，必在解倉部員外郎後，任太常少卿前。甚或在中書舍人前。姑暫定爲九齡任左補闕時作。因左補闕與給事中均爲門下省屬官，且其品級比從七品上階的左補闕高很多，爲上司官。故九齡爲其捉刀。

《故太僕卿上柱國華容縣男王府君墓誌》

此誌墓主爲太僕卿王希儁。周紹良《唐代墓誌彙編》下咸通〇五六《唐故王府君（虔暢）墓誌銘》云：「公諱虔暢，字承休，其先琅耶人。……曰守貞……實生希儁，官隨、遂、綿、相、越五州刺史，有政術，爲良二千石。歷京兆少尹、太僕卿，封華容縣開國男，謚貞公。貞公生焭、旻、暹，皆有官而材。」其所述王希儁官職與九

齡撰《王府君墓誌》同，其必希儁無疑。王希儁「開元六年秋八月乙亥，寢疾薨於洛陽之陶化里第……其年冬十月乙酉，合葬於偃師之某原。」文應寫於本年冬十月。

《故韶州司馬韋府君墓誌銘》

《何考》：開元六年：「志云：『粵開元六年冬十二月庚午，葬於少陵原。』《舊唐書》卷八玄宗本紀：開元六年十一月辛卯，至自東都。志疑撰於公從駕還京師以後，韋府君葬期之前也。」

《論教皇太子狀》

《何考》開元六年：「《冊府元龜》卷七百八宮臣部·選任：『郗嘗（常）通為國子博士，開元六年，皇太子及郯王嗣直等五人年近十歲，尚未就學。以左散騎常侍褚無量內繕寫《論語》、《孝經》各五本以獻。玄宗覽之曰：吾知無量意矣。乃下詔曰：「修身貴乎慎始，篤學在乎自幼。朕諸子已各毊卝，須聞詩禮；宜於儒官中選德行者宿三五人入閣教授。」俄以嘗通、國子博士郭謙光、左拾遺潘元祚等為太子及郯王已下侍讀。』公之上疏，疑在本年，似當在嘗通等為侍讀之前。」

按：事又見《舊唐書》卷一百二，略同。郗常通作郗恒通。且在「開元六年」後言：「駕還，又敕無量於麗正殿以續前功。」「駕還」，指玄宗十一月辛卯從東都還長安。據此則九齡此文當寫於本年冬前。

《送楊府李功曹》

《劉注》：「此詩當是開元初官左拾遺時所作。以詩觀之，二人出身、遭遇當為相近。考唐大都督府功曹為正七品下，左拾遺官階與之正同。何格恩《編年考》繫於開元二十年（按：應為十八年之正）洪州任上作，無據，今不從。」楊府，當即揚州大都督府。功曹，功曹參軍。李功曹其人，疑為曾在開元中作會稽縣令的李俊之。《唐會要》卷七六：「景雲二年……藏名負俗科，李俊之及第。」（《御覽》六二九、《玉海》百十五同，《元龜》「之」作「文」，恐正）。《會稽志》卷三：「唐李俊之，開元中為會稽令。」《玉海》卷二三：「會稽東北四十里有防海塘……開元十年，令李俊之增修。」會稽，上縣，令從六品上。功曹參軍，正七品下。故其出為功曹應在為令前三、四年，約開元六、七年。時九齡應在左補闕任。

唐開元七年（公元 719）己未

四十二歲。在左補闕任。

《賀給事嘗詣蔡起居郊館有詩因命同作》

給事中賀某，姓名事蹟不詳。蔡起居，何格恩《編年考》疑爲起居舍人蔡孚，所疑甚是。但何、劉二先生將此詩繫開元八年，則不妥。今補證如下：《太平御覽》卷五九一引《唐書》曰：「玄宗親製《春臺望》四章二十八句，起居舍人蔡孚奏曰：『伏見所製，氣雄詞美……請宣示百僚及編國史』」（《玉海》二九略同）。《冊府》卷四十：「玄宗開元八年，親製《春雪詩春臺望》一章二十八句，起居舍人蔡孚奏曰：『伏見所製，氣雄詞美……請示百僚及編國史。』手詔答。」九齡《韋司馬別業集序》：「開元歲夏四月，猥忝散職，居多放情……乃與起居舍人蔡公、萬年主簿韓公，惠而得朋，欣然命駕。」起居舍人蔡公，亦即蔡孚。萬年主簿韓公，韓朝宗。《舊書》卷九九：「（張）嘉貞作相，薦萬年縣主簿韓朝宗，擢爲監察御史。」張嘉貞始相在開元八年春正月，故九齡與起居舍人蔡孚、萬年主簿韓朝宗交，不得晚於本年春。《玉海》卷二九：「開元初，蔡孚賦《東都龍興觀偃松篇》，玄宗賜和，御書刻石紀之，公卿以下咸和」（《御覽》卷九五三略同）。名臣張說時有《遙同蔡起居偃松篇》，張說開元三年自相州左遷岳州刺史，五年二月，遷荊州大都督府長史（《元龜》一七二作六年，誤，參郁賢皓《唐刺史考》）。《唐五代文學編年史·初盛唐卷》「唐玄宗開元五年丁巳六月」云：「夏，蔡孚爲起居舍人，作《偃松篇》，玄宗令臣下和之；時張說在荊州，亦有和作。《唐文拾遺》卷一八韋璞玉《韋希損墓誌》：『嘗應制和蔡孚《偃松篇》云：大廈已成無所用，惟將獻壽答堯心。』《張燕公集》卷七《遙同蔡起居偃松篇》詩云：『莫比冥靈楚南樹，朽第江邊代不聞。』蓋亦應制奉和之作。張說時在荊州，故以楚南樹自比。韋希損本年八月卒，張說本年四月至荊州，詩本年四至八月間作。」《編年史》亦有正。韋璞玉《韋希損墓誌》云希損「享年六十有三，開元七年八月九日，傾於新昌里第之中堂。」韋希損開元七年八月卒，其和蔡孚《偃松篇》，必在此前。張說和此詩，在荊州；其從荊州被徵入京在開元六年（718），其集卷八有《襄陽路逢寒食》，詩云：「去年寒食洞庭波，

今年寒食襄陽路。」故其和蔡孚《偃松篇》，應在開元五年四月後，
六年寒食前這一年餘。蔡孚此間亦在起居舍人任，直至八年。張九
齡與之唱和，應在開元六年或七年，在左補闕任。給事中、起居舍
人、左補闕，均門下省官，故在一起唱和。詩云：「中林芳氣和」，
應在三四月間。九齡開元七年年中即轉禮部員外郎，詩應撰於轉禮
部郎前，故不得晚於七年春。

年中，遷通直郎判尚書禮部員外郎

《轉司勳員外郎敕》稱九齡爲：「通直郎判尚書禮部員外郎張九齡。」
《徐碑》：「特拜左補闕，尋除禮部、司勳二員外郎。」

年中，在禮部員外郎任，為宋慶禮議諡「專」申辯。

《舊書・宋慶禮傳》：「七年卒，贈工部尚書。太常博士張星議……
諡曰專。禮部員外郎張九齡駁曰：『慶禮在人苦節，爲國勞臣……請
以所議，更下太常，庶素行之跡可尋，易名之典不墜者也。』」

《通典》一百四：「開元七年，太常博士張星諡贈工部尚書宋慶禮曰
專……禮部員外郎張九齡駁之。」

《新書・宋慶禮傳》：「慶禮爲政嚴，少私，吏畏威不敢犯。太常博
士張星以好巧，自是諡曰『專』。禮部員外郎張九齡申駁曰：『慶禮，
國勞臣，在邊垂三十年。往城營州，士才數千，無甲兵強衛，指期
而往，不失所慮。遂罷海遠，收歲儲，邊亭宴然，其功可推，不當
醜諡。』慶禮兄子辭玉亦自詣闕訴，改諡曰敬」（卷一三〇）。

《何譜》：「九齡之遷左補闕，遷禮部員外郎，當在開元四年開大庾
嶺以後，八年改司勳員外郎以前也。」

《故徐州刺史贈吏部侍郎蘇公挽歌詞三首》

此蘇公，蘇瓌次子，蘇頲弟。《新唐書》本傳：舉賢良方正，高第，
補汾陰尉。遷秘書詳正學士，累轉給事中。頃之，出徐州刺史，治
有跡，卒贈吏部侍郎。《何考》開元七年：「《寶刻叢編》卷七長安縣
云：『唐右監門衛將軍安思恭碑：唐蘇詵撰，陳少平書，開元六年（《京
兆金石錄》）。』蘇詵之卒當在其後。《金石錄》卷五第九百四十三：
『唐徐州刺史蘇詵碑，張耀卿撰，劉升八分書，開元七年八月。』
蘇詵之卒當在立碑之前。《挽詞》第三首云：『返葬長安陌，秋風簫

鼓悲。』則當撰於蘇頲歸葬京師之時。」詩應作於本年秋。

《畫天尊像銘並序》

《何考》開元七年：「《序》云：『畫天尊像進，贈吏部侍郎武功蘇公太夫人崔氏爲公卒哭之所作也。』當在蘇頲卒後，疑亦在本年。」

按：卒哭，古代喪禮。百日祭後，止無時之哭爲朝夕一哭，名爲卒哭。《儀禮·既夕禮》：「三虞卒哭。」注：「虞，喪祭名。」「卒哭，三虞之後祭名。」若蘇頲卒於秋八月，則其卒哭當在本年十一月前後。九齡此文，或寫於本年末。

《獅子贊序》

《何考》開元十年下云：「《序》云：『頃有至自南海，厥緜四極，獻其方物，而獅子在焉。』《冊府元龜》卷九七一外臣部·朝貢四：『開元十年十月乙巳，波斯國遣使獻獅子。』序疑撰於是年。」按，唐史記西域獻獅非一，玄宗朝除十年外，尚有開元七年正月，拂林國王遣吐火羅國大首領獻獅子二、羚羊二（《舊傳》、《冊府》卷九七一）。夏四月，「己卯，訶毗施國使吐火羅大首領羅摩娑羅獻獅子及五色鸚鵡。帝以其遠蕃修貢，加宴勞，賜錦彩五百匹。」十六年十一月，「米國王遣使獻獅子」（並見《冊府》卷九七一）。開元十六年九齡不在朝，此前他都可能寫此文。但爲什麼寫作此文，從序文看，大致可知。《序》言：「我天子示柔遠之義，國無不庭；有服猛之威，物無難制。……蓋蠻夷君長，歲時貢獻……皆其覲禮，若中國之贄幣；所不辭讓，明異方之臣妾。此則非有利物之心，充耳目之玩好；以爲懷柔之道，示天地之含容……凡我侍臣，爲之贊曰。」其作贊，是在明皇對遠蕃修貢，加以肯定並賜宴賜物的背景下寫作的。目的是發揮柔遠之義。故我不取何氏十年說，而置七年四月玄宗對進貢使臣「加宴勞，賜錦彩五百匹」這一次。

《舊唐書》卷一百二：「（張）說重詞學之士，（韋）述與張九齡、許景先·袁暉·趙冬曦、孫逖、王翰，常遊其門」（事又見孫逖、許景先、張九齡等傳）。

《（唐贈）隴西縣君牛氏像龕碑》

《金石錄》二七題：「龍門西龕石像銘」，《金石萃編》八一題：「牛氏像龕碑」，茲從《全文》，「唐贈」二字據《八瓊室金石補正》補。

《金石錄》卷二十七:「《龍門西龕石像銘》:禮部員外郎張九齡撰,今世所有《曲江集》無此文,惜其殘缺不完也。」《金石萃編》:「《龍門西龕石像銘》……當即此碑(指《牛氏像龕碑》)。」此在龍門西龕造像之牛氏,當爲趙冬曦之妻。冬曦「夫人隴西牛氏,父容,曹州長史。」開元六年,玄宗以監察御史召回時貶岳州之趙冬曦,牛氏從,「在路染疾,七月癸巳,薨背於襄州」(周紹良、趙超主編《唐代墓誌彙編・續集》「天寶〇六八・無名氏《唐故國子祭酒趙君(冬曦)壙》」)。碑云「何期楓樹忽驚」,故爲牛氏造像立碑當在其死後。九齡開元七年年中轉禮部郎,八年四月轉司勳,碑署九齡「禮部員外郎」,故文應寫於任禮部郎之初。《何考》繫七年,從之。九齡與冬曦交善,故與冬曦亡妻寫此造像碑。

《編年史》謂開元七年六月「張九齡爲禮部員外郎,奉使廣州,使道歸韶州覲省,道中有詩。」並繫《夏日奉使南海在道中作》、《奉使自藍田玉山南行》、《使還湘水》、《使至廣州》、《與王六履震廣州津亭曉望》等詩於其下,無據。九齡奉使祭南嶽南海在開元十四年夏,一生僅此一次,史有明文。參開元十四年下考。顧建國亦言其誤。

唐開元八年（公元 720）庚申

四十三歲。

在通直郎判尙書禮部員外郎任。四月,轉通直郎守尙書司勳員外郎。

《轉司勳員外郎敕》:「通直郎判尙書禮部員外郎張九齡,溫粹沖簡……可守尙書司勳員外郎……散官各如故。開元八年四月七日」(集本附)。《舊傳》說:「開元十年,三遷司勳員外郎。」應誤。《何譜》:「《舊書》所紀與《曲江集》附錄之誥命不符,疑有訛誤。」

本年前後,與給事中許景先唱和,有《和許給事直夜簡諸公》。

許給事:給事中許景先。許景先,北圖藏拓本《唐故通議大夫行廣州都督府長史上柱國朱府君(彥之)墓誌銘並序》,署「朝議郎殿中侍御史高陽許景先詞」(《唐代墓誌彙編》),朱彥之「開元五年龍集丁巳八月五日壬申,改斂於東都」,詞應寫於此日前;《金薤琳琅》卷十五《唐朝議大夫聞喜縣令上柱國臨淄縣開國男於君請移置唐興寺碑》,

「殿中侍御史判職方員外郎高陽許景先撰」,「開元六年歲次戊午九月壬辰朔二日癸巳建。」知開元六年九月尚在殿侍任。開元八年九月七日制賜百官九日射,給事中許景先上疏以爲頻賜宴射,耗國損人,建議罷之。疏奏,玄宗爲之罷。事見《會要》二六、《通典》七七、《玉海》七五、《冊府》四六九、《通志》四四。《舊紀》置開元九年七月,恐非。則開元八年,許景先在給事中任。又崔顥有《奉和許給事夜直簡諸公》,詩言:「顧己無官次,循涯但自憐」(《品匯》七六)。崔顥「開元十一年源少良下及進士第」(《唐才子傳・本傳》,《直齋書錄解題》作十年),其「無官次」應在及第前。九齡詩言「左掖知天近,南窗見月臨。」給事中屬門下省,在左,故稱左掖;六部屬中書省,在南,故稱南窗(疑宮之誤)。一指許,一自指。故九齡時在尚書省六部任職。九齡開元七至九年相繼任禮部、司勳二員外郎,其與給事中許景先唱和,當在景先除給事之初,這從「寧思竊忭者」句可知。約在開元八年前後。《何考》、《劉注》並繫九年。移置八年。

唐開元九年（公元 721）辛酉

四十四歲。

在通直郎守尚書司勳員外郎任。

上年末至本年十月前,轉朝議郎行尚書司勳員外郎,加「護軍」一職

按:《轉司勳員外郎敕》云:「通直郎判尚書禮部員外郎張九齡,溫粹沖簡……可守尚書司勳員外郎……散官各如故。」知其由禮部郎轉司勳之時職銜爲通直郎守尚書司勳員外郎,而從司勳郎加秩朝散大夫時,其職銜已經改朝議郎行尚書司勳員外郎、護軍,此職當爲十月十四日前所改。

十月,加朝散大夫。

《徐碑》:「尋除禮部、司勳二員外郎,加朝散大夫。」

《加朝散大夫誥》:「朝議郎行司勳員外郎護軍張九齡,右可朝散大夫……開元九年十月十四日」(集本附)。

約本年前後,九齡與右拾遺趙冬曦曾連續參與吏部拔萃及舉人科試,判其等第,每稱平允,以才鑒見推當時。

《敕處分舉人》

此敕作年，四庫本《大詔令》僅注：「開元□年。」年數缺佚；學林本作「開元九年。」《何考》：「《唐大詔令》卷一○六亦載此敕，末注『開元九年。』查《舊唐書》卷八玄宗紀：『開元九年四月甲戌，上親策試應制舉人於含元殿，仍令有司設食。』按是年公尚爲司勳員外郎，非知制誥，不應草敕。《唐大詔令》定爲開元九年，未悉有何根據，尚待續考。」按：《舊傳》：「九齡以才鑒見推當時，吏部試拔萃選人及應舉者，咸令九齡與右拾遺趙冬曦考其等第，前後數四，每稱平允。」（《新傳》略同）按：傳謂此爲任拾遺時事，非。此應爲郎官時事，其時草此敕當有可能。（參熊飛《張九齡與趙冬曦交游考》）

《故河南少尹竇府君墓誌銘並序》

碑言竇府君「年不克祚，位不光寵，遇暴疾而卒，悲夫！是歲有唐開元之九載，春秋五十有六。」《何考》謂「碑不載竇府君病歿之月日，但云冬十一月葬於背原。」並據河中府興廢時間，繫開元九年，是。岑仲勉《姓纂四校記》及《登科記考訂補》以爲竇少尹爲竇賁，其父爲蓬（瀛）州刺史竇希璩。但據《舊傳》，是其兄希玠少襲莘國公，此稱「莘公，」不知何故。《刺史考》置其爲州刺「約武后時。」

《酬趙二侍御使西軍贈兩省舊僚之作》

《劉注》：「合詩中情事觀之，此詩當作於趙氏流放前，約爲開元二年中。何氏以《少林寺賜田敕》而繫之開元十一年，當誤，蓋其時九齡方遷中書舍人未久……正當一帆風順之時，頗與此詩之『顧己塵華省』、『嘗欲退微躬』之心境景況不協。今不從其說。」李芳民《張九齡詩歌繫年考》亦置此詩於開元元年至四年間。《編年史》繫此詩開元八年，亦不取。

按：詩題中「兩省」，有二解：1、又稱左省和右省。唐門下省位於中書省之左，稱左省；門下省在右，稱右省。2、南省和北省。唐中書省、門下省位於宮城之北，俗稱北省；尚書省位於宮城之南，故稱南省。張九齡既與其兩省舊僚唱和，我們首先要確定的就是九齡此處「兩省」所指是否有含尚書省。若有尚書省，應作於郎官任；

若有門下省、中書省，則作於左拾遺或中書舍人任。何格恩之所以定詩作於中書舍人任，就是因爲他認定兩省指左右省。這與詩所言「顧已塵華省」不符。因此不取其説。劉斯翰、李芳民二先生以爲作於拾遺任，也與詩意及史實不符，也不取其説。趙二侍御，指殿中侍御史趙冬曦。曦字仲慶，博陵鼓城人。景龍中進士第，授官校書郎。舉文藻絕倫科，除右拾遺。遷監察御史，以他事聯及，開元六年放於岳州。歲滿蒙恩，丁家艱；服闋，重操本官，兼掌國史。轉殿中侍御史、集賢院學士，遷考功員外郎、中書舍人、太僕少卿、以親累貶合州刺史，歷眉、濮、亳、許、宋等州刺史，弘農、榮陽、華陰等郡太守，入爲國子祭酒。天寶九載（751）卒，年七十四。見《唐故國子祭酒趙君壙》。據此壙，趙冬曦在張九齡爲郎官之時，仍官監察御史。《劉注》以張説在岳陽時有《贈趙侍御》、《同趙侍御巴陵早春作》等詩，遂言「可證趙冬曦以殿中侍御史流岳州。」非是。唐人稱監察御史、侍御史和殿中侍御史均可稱爲「侍御」，但又稱侍御史爲「端公」、殿中侍御史爲「副端」。故「侍御」很多時候實指監察御史。趙冬曦此時應官監察御史。其官右拾遺與九齡同時，爲先天元年（712），遷監察御史約在開元三年左右；其六年貶岳州，仍官監察御史。年餘「蒙恩，丁家艱；服闋，重操本官，兼掌國史。」《唐會要》卷六四：「開元十三年四月，考功員外郎趙冬曦爲集賢院直學士。」故開元十三年四月之前三年，趙冬曦應官考功員外郎。《舊書·文苑中·賀知章傳》：「開元十年，兵部尚書張説爲麗正殿修書使，奏請知章及祕書員外監徐堅，監察御史趙冬曦皆入書院。」由此知趙冬曦「重」作監察御史，當在開元十年入書院前。九齡在本詩中既稱趙冬曦爲「侍御」，則詩應作於其任考功員外郎之前。詩言：「顧已塵華省，」言自己在「華省」已久未遷官。若説在中書舍人任，則不確。詩言「應敵兵初起」，據兩唐書，開元八年秋九月，突厥欲谷寇甘、涼等州，涼州都督楊敬述爲所敗。九年夏四月，蘭池州叛胡顯首僞稱葉護康待賓、安慕容，爲多覽殺大將軍何黑奴，僞將軍石神奴、康鐵頭等，攻陷六胡州。趙冬曦出使「西軍」，應與這些兵變有關。

唐開元十年（公元 722）壬戌

四十五歲。

在朝散大夫行尚書司勳員外郎任。

二月，轉中書舍人內供奉。

《轉中書舍人敕》：「門下：朝散大夫行尚書司勳員外郎上柱國張九齡，含章間出，稟秀挺生；學總丘墳，詞變風雅。早應旌辟，累踐青華，行居四科之首，才稱一臺出妙。司言缺位，側席求賢……可中書舍人內供奉。開元十年二月十七日」（集本附）。

《徐碑》、《新傳》不記官中書舍人的具體時間，《舊傳》作：「十一年，拜中書舍人。」《何考》：謂《舊傳》「時間與誥命不符，未知孰是？」，愚以爲，似應從敕作十年。

《爲吏部侍郎祭故人文》

「維開元十年，歲次壬戌，二月癸酉朔十七日己丑，吏部侍郎某謹以清酌醴羞之奠，敬祭故某公之靈。」文應寫於本年二月十七日之前。吏部侍郎，《唐六典·尚書·吏部》卷第二：「吏部：尚書一人，正三品；侍郎二人，正四品上。」據嚴耕望《唐僕尚丞郎表》，開元十年吏部侍郎二人，一爲楊滔，一爲王丘。王丘有名當時，兩唐書有傳。《舊傳》稱其「尤善詞賦」。故這位請張九齡代筆的吏侍其人，似爲楊滔。九齡與楊氏有交情，曾爲楊滔叔父楊睿交寫過墓誌銘。

《武司功初有幽庭春暄見貽夏首獲見以詩報焉》

武司功，司功參軍武平一。《新傳》：「遷考功員外郎。玄宗立，貶蘇州參軍，徙金壇令。」王灣《晚春詣蘇州敬贈武員外》，此武員外，也即武平一，王灣以故職相稱。詩云：「持此功曹掾，初離華省郎……萬里行驥足，十年暌鳳翔。」據此知武平一玄宗立，貶蘇州司功參軍，王詩稱其至蘇州時，武已「十年暌鳳翔」，即離京已有十年之久。故王詩約作於開元九年左右。武詩很可能是由王灣帶到京城。《何考》繫此詩開元十八年夏初，《劉注》從其說。《編年史》則繫此詩開元三年，似均不確。吾以詩作約作於開元十年「夏首」，約是武平一聽到張九齡任中書舍人內供奉的消息，即與他寫了「幽庭春暄」之詩以賀，九齡四月始見其詩，便作此詩爲報。

《酬通事（王）舍人寓直見示，篇中兼起居陸舍人景獻》

　　通事舍人：官名。唐中書省屬官。掌朝見引納等事宜。《英華》一九
一錄此詩，作「酬通事王舍人寓直見示，篇中兼起居陸舍人景獻」，
當有所據。陶敏《全唐詩人名考》以「通事王舍人」爲王翰（澣），
是。王翰與張九齡、韋述、許景先、趙冬曦、孫逖等人均常遊張說之
門，爲說所重。《新傳》：「（張）說輔政，召爲秘書正字，擢通事舍人、
駕部員外郎」（《舊傳》略同）。陸景獻爲起居舍人，兩傳均不及，此
可補史之闕。王翰爲通事舍人期間，今見與張說及九齡有三次唱和，
一爲《奉和聖製送張尚書巡邊》，一爲《奉和聖製送張説上集賢學士
賜宴得筵字》，一爲《奉和聖製同二相以下群官樂遊園宴》（《張燕公
集》四、《全詩》一五六）。送張說巡邊在開元十年。送張說上集賢在
十三年，《唐會要》六四：「開元十三年四月五日，因奏《封禪儀注》，
敕中書門下及禮官學士等賜宴於集仙殿，上曰：今與卿等賢才同宴於
此，宜改集仙殿曰集賢殿，改麗正書院爲集賢院。」《舊紀》：開元十
三年「夏四月丁巳，改集仙殿爲集賢殿，麗正書院改集賢殿書院。內
五品以上爲學士，六品以下爲直學士。」宴樂遊園《劉注》謂「只有
開元十二年」。開元十年春，九齡即在中書舍人任，直至十三年。與
王翰在通事舍人任唱和，應在十至十三年間。劉斯翰繫九年，無據；
《編年史》繫十二年，稍後；《何考》繫十四年，九齡已不在舍人任。
詩明言「同聲」「比翼」，似九齡亦在舍人任。九齡十三年十一月即轉
官太常，亦不會如此言。此詩聲口，似在爲中書舍人之初，繫本年。

《奉和聖製送尚書燕國公赴朔方》

　　尚書燕國公：張說。玄宗即位之初，即徵爲中書令，封燕國公。詩
應作於開元十年（七二二）閏五月二日。《舊紀》：開元十年「閏五
月壬申，兵部尚書張說往朔方軍巡邊。」《通鑑》二百十二：「（開元
十年）夏四月己亥，以張說兼知朔方軍節度使……閏（五）月壬申，
如朔方巡邊。」開元十年夏閏五月辛未朔，壬申爲一日。賈曾《餞
張尚書赴朔方序》亦言：「閼茂次年，仲夏貞閏，拜手東洛，馳詔北
闕……有詔具寮，爰開祖宴」（《張燕公集》四）。唐明皇作《送張説
巡邊》今存，同作有源乾曜、張嘉貞、宋璟、盧從願、許景先、韓
休、徐知仁、崔禹錫、胡皓、王翰、崔泰之、王丘、蘇晉、王光庭、

袁暉、席豫、張九齡、徐堅、崔日用、賀知章，詩並見《張燕公集》四、《英華》一七七。

《敕處分宴朔方將士》

《冊府》卷一三三帝王部·褒功第二云：開元「十年十一月丙申，朔方郡節度使、兵部尚書信安郡王禕破突厥凱旋，引將士等見帝，置酒享之。敕曰：禕總戎朔垂，經略萬里……各宜坐飲，相與盡歡。」《玉海》卷一百九十一：「《實錄》：開元十年十一月丙申，郡王禕破突厥凱旋，引將士見帝，置酒享之。敕曰：『窮寇覆巢以奔北，群師掉鞅而來歸』。又《冊府元龜》。」所記敕文與《敕處分宴朔方將士》同，如依《玉海》引《實錄》，似應爲開元十年。不知「十年」是否有誤？暫繫此。《何考》「《冊府元龜》卷二三帝王部褒功二：『二十年十一月景申朔方軍節度大使兵部尚書信安王禕破突厥凱旋，引將士等見帝，置酒享之。敕曰云云（與曲江集同）。』查《舊唐書》卷七十六吳王恪傳（附信安王禕傳）云：『二十二年遷兵部尚書，入爲朔方節度大使。』此敕當撰於開元二十二年以後。蓋信安王禕在開元二十年仍爲禮部尚書（注六十三），官銜實不符也。查《舊唐書》卷一○三《牛仙客傳》云：『開元二十四年秋代信安王禕爲朔方軍大總管。』此敕又當在二十四年以前。最適宜之時間爲二十三年。蓋本年秋突厥東征兩蕃既失敗，伊然可汗又病歿。正群龍無首之際，疑信安王禕乘機出兵掩襲，或因此而破突厥也（注六十三：《高常詩集》卷七《信安王幕府詩並序》云：『開元二十年國家有事林胡，詔禮部尚書信安王總戎大舉。』此可證也）。」不從之。《池目》置此敕開元二十四年，不知何據。

唐開元十一年（公元 723）癸亥

四十六歲。

在朝請大夫中書舍人內供奉任。

春，侍駕北都巡狩，途中與玄宗唱和。

《奉和聖製早發三鄉山行七言》

《劉注》無此詩，不知何以漏收？《何考》開元二十四年：「詩云：

『羽衛森森西向秦，山川歷歷在清晨』，當在還西京途中。三鄉山未詳何處。查《劉夢得集》四有《三鄉驛樓伏睹玄宗望女兒山詩小臣斐然有感》云：『開元天子萬事足，唯惜當時光景促。三鄉陌上望仙山，歸作霓裳羽衣曲。盡心從此在瑤池，三清八景相追隨。天上忽乘白雲去，世間空有秋風辭。』（亦見《文苑英華》卷二九八）據此詩，三鄉驛樓似在三鄉山上，而三鄉山似在女兒山附近。查《元和郡縣志》卷五河南道一河南府福昌縣：『女兒山（按中華本、四庫本均作女幾山）在縣西南三十四里。』而福昌縣東至府一百五十里。公詩當作於初出洛陽後數日間。」《彭注》：「三鄉山，在今河南宜陽縣西。據兩《唐書・玄宗紀》，詩當作於開元六年（718）十月自洛還京途經三鄉時。」《彭注》謂其地在河南宜陽，是。但從詩「靈符即此應時巡」句看，詩應作於侍玄宗巡狩之時。《元龜》卷三三：「（開元）十年十二月壬寅，將北巡，詔曰：『……立甘泉於雍畤，祠後土於汾陰。遺廟巋然，靈光可燭……今此神符，應於嘉德，宜以來年正月北巡。』」此次北巡，從東京出發，詩爲途經三鄉山時作。「西向秦」，由東都向太原亦先必西行也。玄宗原唱已佚，奉和之作亦僅存九齡此篇（見《英華》一七一）。

《奉和聖製早登太行山率爾言志》

《何考》開元十一年：「查《舊唐書》卷八《玄宗紀》：『十一年正月己巳，北都巡狩。』《張說之集》卷三《御製早登太行山言志》云：『清蹕度河陽，凝笳上太行。』蓋渡河入晉時所作也。同卷張說《奉和御製早登太行山言志應制》云：『既立省方館，復建禮神壇。』《唐詩紀》卷五十七苗晉卿和詩亦云：『仍親後土祭，更理晉陽兵。』群臣之應制奉和，疑亦在二月壬子祠後土於汾陰以前也。」張九齡此次侍明皇北巡時爲開元十一年春正月。《舊紀》：「十一年春正月……己巳，北都巡狩……壬子，祠後土於汾陰之脽……三月庚午，車駕至京師。」按，詩云：「盂月攝提貞，乘時我后征。」盂月，正月；攝提貞，太歲在寅曰攝提格。正月第一個寅日爲戊寅（十二日），庚辰前二日。詩作於到達潞州前二日。《何考》、《劉注》、《彭注》均置開元十一年春正月扈從玄宗北都巡狩之時，是。玄宗首唱題《早登太行山中言志》，除九齡此詩外，今還存張說、張嘉貞、蘇頲、苗

晉卿同題作（《英華》一七一）。張嘉貞回至晉州時被貶爲幽州刺史，此存其和詩，也可證明是在他被貶之前。三月始回京。

《奉和聖製幸晉陽宮》

《何考》：「《通鑒》卷二一二唐紀二十八：『開元十一年正月辛卯，至并州。』《元和郡縣志》卷十三河東道三太原府晉陽縣：『晉陽故宮，一名大明宮，在州城内，今名大明城是也。』」唐明皇有《過晉陽宮》，附見《張燕公集》卷三，張説、蘇頲、張九齡均有和作。從九齡「一月朔巡狩，群后陪清鑾」句看，詩也應寫於開元十一年春。

《奉和聖製早渡蒲津關》

「魏武中流處，軒皇問道回。長堤春樹發，高掌曙雲開。」

蒲津關：關名，一名大慶關。《元和郡縣志》卷二：「朝邑縣，本漢臨晉縣之地……西南（筆者按：應爲東北）有蒲津關。」又卷十四河東縣：「灌東縣，本名蒲敍縣……蒲敍關，一名蒲津關，在縣西四里。」《太平寰宇記》卷二八：「蒲津關，因蒲敍，又以河津之凑，因以爲名。」此詩爲九齡隨玄宗北都巡狩，南回至蒲津關，玄宗有《早渡蒲津關》之作，九齡與扈從張説、徐安貞等同和（《英華》卷一百七十）。詩言「軒皇問道回，長堤春樹發」，當寫於三月庚午返京前夕。

《奉和聖製南出雀鼠谷》

《何考》：「《元和郡縣志》卷十三河東道汾州介休縣：『鼠雀谷在縣西十二里。』《張説之集》卷四《御製答張説南出雀鼠谷》云：『川途猶在晉，車馬漸歸秦。背陝關山險，橫汾鼓吹頻。』公和詩云：『東君朝二月，南斾擁三辰。』《國秀集》卷上徐安貞《奉和聖製答二相出雀鼠谷》云：『兩臣初入夢，二月扈巡邊。……還望汾陽近，宸遊自窅然。』則群臣和詩大約皆作於二月間。」《劉注》：「此亦侍從北都巡狩之作，《紀事》云：『帝登封泰山，南出雀鼠谷，張説獻詩，帝答之，仍命群臣應制。』以爲開元十四年玄宗封禪泰山時作，實誤……查北都巡狩在十一年春，時正合；而雀鼠谷乃由并州下臨汾所經之道，地亦合。」「南出」顯是從北入。而東封泰山，卻是十四年冬十二月返東都，絕不會繞汾州雀鼠谷而回。二相：劉斯翰謂「指

張嘉貞、張説兩丞相。」誤。據《張燕公集》卷四，張説《扈從南出崔鼠谷》爲首唱，明皇接著寫《答張説南出崔鼠谷》，接下來是宋璟、蘇頲二相《奉和聖製答張説南出崔鼠谷》，再接著是王丘、袁暉、崔翹、張九齡、王光庭、席豫、梁升卿、趙冬曦相和（《張燕公集》卷四附）。當時張嘉貞雖以宰相從巡，但在到達晉州之時即已被貶爲幽州刺史（《舊紀》）。故二相應指宋璟和蘇頲（其時二人雖均罷相），而非張嘉貞和張説。另外，張嘉貞、盧從願、徐知仁、賀知章、徐安貞五人均有和作存，但張説集未附。

《奉和聖製謁元皇帝廟齋》

何格恩《編年考》謂最遲當作於開元二十四年，並以玄宗所謁之玄元廟在洛陽，非。九齡詩明言：「興運昔有感，建祠北山巔。雲雷初締構，日月今悠然。」顯指晉州初設之老君廟。《唐會要》卷五十：「武德三年五月，晉州人吉善行於羊角山，見一老叟乘白馬朱鬣，儀容甚偉，曰：『爲吾語唐天子：吾，汝祖也。今年平賊後，子孫享國千年。』高祖異之，乃立廟於其地。」唐初設之老君廟在晉州，則詩當作於侍玄宗北都巡狩之年，且作於晉州。《舊紀》卷八：開元十一年正月，自東都北巡。二月「辛卯，改并州爲太原府……上親製《起義堂頌》及書，刻石紀功於太原府之南街。戊申，次晉州，壇場使中書令張嘉貞貶爲幽州刺史。」據此，當作於開元十一年二月戊申（十二日）後一兩天。

《嘗與大理丞袁公、太府丞田公偶詣一所，林沼尤勝。因並坐其次，相得甚歡，遂賦詩焉，以詠其事》、《城南隅山池，春中田、袁二公盛稱其美，夏首獲賞，果會夙言，故有此詠》

《何考》開元十二年考云：「此二詩疑爲中書舍人任內作。所謂城南隅山池，似在西京。玄宗自十一年三月庚午還京後，十二年十一月復東幸。故暫定爲本年夏初之作。以俟續考。」《劉注》：「開元七年至九年間，九齡任禮部員外郎、司勳員外郎，此詩當其時所作。蓋二職之官階爲從六品上，與太府丞、大理丞同階，而詩中語氣，與二公平等，無尊卑之別，亦是官階相同者的口吻。今繫之開元八年春末。」按：大理丞袁公，疑即袁暉。《唐會要》卷七六：「景雲二年，文以經國科袁暉及第。」《舊書·魏知古傳》：「先天二年，知吏

部尚書事，撰擢左補闕袁暉等，後咸累居清要。」《曲江集》附《轉尚書司勳員外郎敕》：「朝議郎、河南府法曹參軍袁暉，可行尚書禮部員外郎，散官如故。」河南府法曹參軍，正七品下；禮部員外郎，從六品上；太府丞與禮部員外郎同階。開元十年五月，袁暉撰《大聖真觀揚法師生墓誌並序》，仍在禮部員外郎任（《唐代墓誌彙編》上開元一五○，P1260）。其任大理丞，或在此後。因袁暉與九齡曾一任拾遺一任補闕，又同在六部任郎官，且同遊張說之門，故能常在一起唱和，時間約在開元十至十二年間。何考置開元十二年，大致可從。陶敏疑「袁公」為袁仁敬，因仁敬曾官大理少卿及大理卿，故「疑其曾歷大理丞一職。」太府丞田公，疑為開元時官至光祿卿的田賓庭。

《為兵部尚書王晙謝平章事表》

《何考》開元十一年：「表云：『伏奉今月二十九日制，授臣兵部尚書同中書門下三品。』查《通鑑》卷二一二：『開元十一年夏四月甲子，以吏部尚書王晙為兵部尚書中書門下三品。』」

《餞王尚書出邊》

《何考》開元十一年：「《通鑑》卷二一二：『開元十一年五月己丑，以王晙兼朔方軍節度大使巡河西、隴右、河東、河北諸軍。』」

《謝賜馬狀》

右：今日高力士奉宣聖旨，賜臣紫騮馬一匹，伏以恩覃不次，寵遇非常。有忝股肱之臣，頻奉渥窪之賜。況郊壇展禮，尚未奠於九宮；而雨露深恩，反有叨於三接。雖鳴珂噴玉，朝無永代，於臣勞而任重；才微久歲，寧酬於聖造，荷負無力，答效何階云云。

《何考》：開元十一年：「見《文苑英華》卷六三三，集不載。狀云：『況郊壇展禮，尚未奠於九宮；而雨露深恩，反有叨於三接。』《舊唐書》卷八，《玄宗紀》：『開元十年六月己巳，增置京師太廟為九室，移孝和皇帝神主以就正廟。』九廟之名自此始。翌年十月戊寅，親祀南郊。狀當上於郊禮以前。」

五月，加朝請大夫。

《加朝請大夫敕》：「朝散大夫中書舍人內供奉上柱國張九齡，右可

朝請大夫如故⋯⋯郊禋上帝，侍從圓丘；宜增榮級，俾承大慶。可依前件，主者施行。開元十一年五月二十八日」（集本附）。

本年十一月，撰《南郊赦書》

（《何考》：「《曲江集》卷七僅載赦書節文。原文見《文苑英華》卷四二四、《唐大詔令》卷六十八」）。

《冊府元龜》卷三三：開元十一年「十一月戊寅，親祀南郊。」

《舊唐書》卷八：開元十一年「十一月戊寅，親祀南郊，大赦天下。」同時作《南郊文武出入舒和之樂》、《南郊太尉酌獻武舞作凱安之樂》二詩（卷二）。

《舊唐書》卷三十「音樂三」：「開元十一年，玄宗祀昊天於圓丘，樂章十一首：⋯⋯送文舞出、迎武舞入，用《舒和》：『祝史正辭⋯⋯祚流萬葉。』武舞用《凱安》：『馨香唯后德⋯⋯金鉋既靜好。』」所用《舒和》、《凱安》，當即九齡二詩。《何譜》、《楊譜》、《何考》並繫開元十一年，是。

《奉和聖製南郊禮畢酺宴》

《何考》開元十二年：「《奉和聖製南郊禮畢酺宴》，詩云：『配天昭聖樂，率土慶輝光。春發三條路，酺開百戲場。』《張說之集》卷二《御製春中興慶宮酺宴並序》云：『往以仲冬建子，南至初陽，爰詔司存，式陳郊祀，把夷夏之誠請，答人神之厚眷。煙歸太乙，禮備上玄，足以申昭報之情，足以極嚴禋之道。然心融萬類，歸雷雨之先；慶洽百僚，象雲天而高宴。歲二月，地三秦，水泛泛而龍池滿，日遲遲而鳳樓曙。青門左右，軒庭映梅柳之春；紫陌東西，簾幕動煙霞之色。』此詩蓋作於十二年二月間也。」《劉注》從其說。按：《何考》言《奉和聖製南郊禮畢酺宴》詩作於十二年二月間，誤。蓋是將二次酺宴視爲一也。約是受「春發三條路」一語之影響。此「春」字，指冬天充滿春意，而非實指春天。且九齡詩題明言「南郊禮畢酺宴」，《唐大詔令》卷六八《南郊赦》明言：南郊禮畢，「天下州府，賜酺三日，京城五日。前任所在百姓，村坊宴樂，不得科率聚斂。」（《英華》四二四同）《舊紀》亦記郊禮畢，「賜酺三日，京城五日」（《新書》卷五、《元龜》卷八十、卷八一略同）。九齡詩

當寫於十一年冬十一月戊寅（本月十六日）後五天內。而唐玄宗《春中興慶宮酺宴》詩並序明言「興慶宮酺宴」，與南郊禮畢酺宴當不是一回事。且玄宗序明說：「往以仲冬建子，南至初陽，爰詔司存，式陳郊祀，把夷夏之誠請，答人神之厚眷。煙歸太乙，禮備上玄，足以申昭報之情，足以極嚴禋之道。」敘郊祀「往以」云云，也是以回憶的口吻說的，而此次「歲二月，地三秦」的酺宴自然就是「今時」。另外，其詩說「還將聽朝暇，回作豫遊晨。」言此次是「豫遊」的「酺宴」。張說詩也說：「慶接郊禋後，酺承農事稀。」這是郊祀後又一次酺宴。再說，十一年十一月十六日郊祀畢，也不會在三個多月後再賜酺，這也是不言而喻的。《楊譜》繫十一年，是。

唐開元十二年（公元 724）甲子

四十七歲。

在朝請大夫中書舍人內供奉任。正月，首封曲江縣開國男，食邑三百戶

《封曲江縣開國男食邑三百戶敕》：「朝請大夫中書舍人內供奉上柱國張九齡，右可封曲江縣開國男，食邑三百戶……開元十二年正月十三日」（集本附）。

《徐碑》：「超（遷）中書舍人，封曲江縣男。」

《新傳》：「遷中書舍人內供奉，封曲江男。」

《敕處分十道朝集使》（賜朝集使等）

朝集使：隋朝每逢元會，諸州悉遣使赴京師朝集，謂之朝集使（《通鑒》卷一七五引《隋志》）。唐制，「凡天下朝集使，皆以十月二十五日至京師。十一月一日，戶部引見迄，於尚書省與群臣禮見，然後集於考堂，應考績之事。元日陳其貢籠於殿廷」（《舊書》卷四三）。《大詔令》卷一百四於此敕末注：「開元十二年三月十三日」（《英華》卷四百六十同）。《冊府元龜》卷一百十：（開元）「十二年三月庚午，宴朝集使於紫宸殿，賜帛有差。」開元十二年三月庚申朔，庚午為本月十一日。王維有《奉和聖製暮春送朝集使歸郡應制》（《英華一七七》），應作於本年春三月。《御選古文淵鑒》卷二九題下注：「開元八年。」不知何據。《何考》：繫開元十二年，是。

《恩賜樂遊園宴》

《劉注》：「此詩《文苑英華》編入奉和唐玄宗《同二相以下群臣樂遊園宴》詩，同題尚有張說、蘇頲等八人，並注云：『自唐玄宗詩至趙冬曦共九首，並見張說集。』意時張說已相。據《資治通鑒》所載，張說開元九年九月至十五年二月爲相期間，玄宗春二月在西京長安者只有開元十二年，則此詩亦當爲是年所作。又據《英華》題作《奉和恩賜樂遊園宴應制》，當是。時九齡任中書舍人之職。唐玄宗原作今存，錄如下：『撰日巖廊暇，需雲宴樂初。萬方朝玉帛，千品會簪裾。地入南山近，城分北斗餘……興闌歸騎轉，還奏弼違書。』」按：九齡等《恩賜樂遊園宴》詩題不誤，《英華》改題《奉和恩賜樂遊園宴應制》誤。劉先生以《英華》是，未深考也。詩當是張說、宋璟二相以下大臣先作《恩賜樂遊園宴》詩，玄宗後和同題作，故玄宗詩題《同二相以下群臣樂遊園宴》。非玄宗首唱。故張說、宋璟二相以下大臣之作不得如《英華》所題。且《英華》明注：「自唐玄宗詩至趙冬曦共九首，並見張說集。」查四庫本《張燕公集》卷四，張說詩正題作《恩賜樂遊園宴》，其後附宋璟、崔沔、張九齡、胡皓、王翰、崔尚、趙冬曦八詩，均題「同前」，是。既《英華》從張說集出，當據此是正。九齡詩「朝慶千齡始，年華二月中。」趙冬曦詩云：「爽塏三秦地，芳華二月初。」詩當作於本年二月。

《三月三日申王園亭》

《何考》開元十二年：「據《舊唐書》卷八《玄宗紀》：『開元十二年十一月庚辰，司徒申王撝薨，追諡曰惠莊太子。』此詩至遲作於本年。」《劉注》從其說。按：《曲江集》卷十七有《惠莊太子哀冊文並序》，從此文看，九齡對申王很有感情。此仍稱「申王」，應在其生前。與上詩作時約相當。

十一月侍駕幸東都，作《奉和聖製途次陝州作》、《奉和聖製經河上公廟》、《奉和聖製經函谷關作》、《奉和聖製渡潼關口號》、《奉和聖製途經華山》等詩

《何考》開元十二年於九齡《奉和聖製渡潼關口號》詩下作考云：「查《唐大詔令》卷七九及《冊府元龜》卷一一三：開元五年正月辛亥幸東都，六年十月丙申還京師，十年正月丁巳幸東都均從北路；惟

十二年冬十一月庚申東幸從南路，故渡潼關口號疑作於本年。」《劉注》亦說：「此詩作於開元十二年冬。…爲扈從幸東都，經華山，奉和之作。」從之。玄宗原唱《潼關口號》見《全唐詩》卷三，同和者除九齡外，還有張說和蘇頲，張詩見《全唐詩》卷八九，蘇詩見卷七四。

《奉和聖製經王浚墓應制》

《何考》：「《隋唐嘉話》云：『武后將如洛陽，至閿鄉縣東，騎忽不進。召巫言：晉龍驤將軍王濬言：臣墓在道南，每爲樵者所苦。聞大駕至，欲求哀。後敕去墓百步，不得耕殖，至今荊棘森然。』《新唐書》卷三十八《地理志》：虢州弘農郡屬縣有閿鄉。此詩亦疑爲東幸途中作。」世傳王濬墓有二：一在山西。《晉書·王濬傳》：「太康六年卒，時年八十。諡曰武，葬柏谷山。大營塋域，葬垣周四十五里。」柏谷山在唐潞州府長治縣（今山西長治市）東北。二在河南。《太平廣記》卷二八三引《國朝雜記》云：「武后將如洛陽，至閿鄉縣東，騎忽不進。召巫者問之，巫言：『晉龍驤將軍王濬云：臣墓在道南，每爲採樵者所苦。聞大駕至，故來求哀。』後敕去墓百步，不得耕植。至今荊棘森然」（《太平御覽》七三五略同）。《河南通志》卷四九：「王濬墓：在閿鄉縣東一十五里。濬，大將軍，卒諡武。」則河南閿鄉縣（今屬靈寶市）又有一王濬墓。據《晉書·王濬傳》，王濬爲弘農湖（今屬靈寶市）人，其死葬故鄉是有可能的。《劉注》謂開元十一年「北都巡守，過潞州柏谷山」時作。明皇《過王濬墓》及張說和詩並見《張燕公集》卷三，三詩無一字及北巡；相反，九齡詩言「晉將在弘農」，弘農爲東幸洛陽必經之地。故從《何考》。

《故特進贈兗州都督駙馬都尉觀國公楊公墓誌銘並序》

《何考》：「《志》云：『開元十二年四月癸卯（注四十一），遘疾薨絳郡之官舍，春秋五十……其年秋九月甲申，葬於北原。』志當撰於楊公薨後葬前。」注四十一：「《曲江集》卷十二作開元十二年癸亥，疑有脫文，此據《文苑英華》卷九三五。」《何考》未考得此「觀國公楊公」爲誰，《全文》本作楊慎交。據《新唐書》卷一百《楊恭仁傳附子思訓傳》「思訓孫眘交，尚長寧公主。豫誅張易之，賜實封五

百戶。神龍中，爲秘書監，貶絳州別駕」（《舊傳》誤「昚」作「睿」，事蹟同《新傳》）。兩傳與《墓誌》合，「昚」，同「愼」，其人應即楊愼交。《楊譜》開元十一年：「開元無癸卯，十一年爲癸亥。《四部備要》覆祠堂本《曲江集》作『十二年癸亥』；作『癸亥』是，『二』則『一』之誤。」按：何氏所引《曲江集》爲《廣東叢書》本，《四部叢刊》本等「癸亥」作「癸卯」。《英華》增「四月」二字，必有所據。從《何考》。

《送幽州王長史序》

《何考》開元十二年：「王長史不知何人，此序年月無從推測。序云：『漁陽我之巨也，情憚軍佐，敷求國良。以王公能，有命汝往，底其耕戰之事，介於將吏之間。』查《舊唐書》卷八《玄宗紀》：『開元十三年春正月乙酉，以幽州都督府爲大都督府。』按唐制，大都督以親王遙領，大都督府之政以長史主之。大都督府長史爲從三品當非將佐之比。此序當作於幽州改大都督府之前。序又云：『仲春暄矣，陽時貴若。』暫定爲開元十二年二月之作，以俟續考。」按：九齡在朝，與王姓之人交者有王晙、王翰等，王晙開元八年曾兼幽州都督（《舊紀》），王翰開元十五年左右曾爲并州長史（《新傳》），不知是否爲二人中之一人？

《奉和聖製燭龍齋祭四言》

《何考》開元十四年：「此詩爲四言體，頗似祭祀樂章。大抵開元十四年六月以大旱乃親結壇場，用伸祈禱。公適爲太常少卿，躬與其事。及祈雨有應，乃賦詩以慶。」詩云：「六月徂暑，四郊衍陽。」應寫於六月。但是否十四年六月，則可疑。《元龜》卷一四四：「十四年六月丁未，以久旱分命六卿祭山川……太常少卿張九齡祭南嶽及南海……壬戌，以旱及風災，命百官及州縣長官上封事指言時政得失，無有所隱。」同上卷二六：「開元十四年六月丁未，以久旱分命公卿祭山川。己卯，河北道及太原、澤、潞等州皆雨，祭北嶽使李嶷上言……往十二年春夏大旱，六月下旬方始降雨」、又記十九年自春及秋，京城及其它一些地區均亢旱少雨，玄宗五月、七月曾兩次親禱興慶宮龍池。在開元十二年、十四年、十九年這三年中，應以十二年官中書之時間爲最佳。故繫本年下。

《益州長史叔置酒宴別序》

　　《何考》開元十二年：《八瓊室金石補正》卷五三《青城山常道觀敕》：「敕益州長史張敬忠……開元十二年歲次甲子閏十二月十一日下，十三年正月一日至益州，二日至蜀州……。」張敬忠之爲益州長史，當在開元十二年閏十二月十一日前。序云：「是時也，四序鱗次，屬當春夏之交；千里草長，有懷原隰之往。」則張敬忠之入蜀，必在春末夏初。序又云：「所以前拜小司馬，兼擁旄於五涼；再命左常侍，仍總戎於三蜀。」查《唐會要》卷七十八河西節度使條：十一年四月除張敬忠，又加經略使。」《通鑑》卷二一四開元十一年：『……九月壬申，（吐谷渾）率眾詣沙州降，河西節度使張敬忠撫納之。』則張敬忠由河西節度調任益州長史，至早當在十二年春末。張曲江之謂益州長史叔，疑即張敬忠。

　　按：《青城山常道觀敕》有「十三年正月十七日，左散騎常侍、益州大都督府長史、劍南道節度大使、攝御史中丞、本道採訪經略大使、上柱國張敬忠上表。」九齡序言此長史叔「前拜小司馬，兼擁旄於五涼；再命左常侍，仍總戎於三蜀。」其所任與張敬忠符，故爲張敬忠無疑。郁賢皓《唐刺史考全編》置張敬忠爲益州長史在「開元十二年～十三年（724～725）」，序作於十二年春夏間。

《廢王皇后制》

　　《舊唐書》卷八《玄宗紀》：「開元十二年七月己卯，廢皇后王氏爲庶人。」

《惠莊太子哀冊文並序》

　　序云：「維開元十二年歲次甲子，十二月丁巳朔二十四日庚辰，司徒申王薨於行在所。冊諡惠莊太子，旋殯於寢奧。閏十二月二十七日壬子，將陪葬於橋林之柏城。」序用一「將」字，冊文當作於十二月庚辰至閏十二月壬子之間。

《故襄州刺史靳公遺愛碑》

　　開元十二年，以理跡尤異，廉使上達，天子嘉之，稍遷陝州刺史。暨解印去郡，攀車盈途，或願借留無緣，而人吏遮道；或瞻望弗及，而老幼啼呼。如是者五里，已終朝十日，乃出界。而皆有言曰：『捨我何之？』及聞公之喪。哀可知矣。市爲之罷，舂以之輟，惠愛之

結深,古今之感一。蓋爲仁由己而遺德在人者,其若是乎!郡中士大夫與門生故吏,聚族而議謀德,是以刻石立紀。據此,襄州刺史靳恒之喪當在開元十二年,而遺愛碑之撰文立碑應在其後。但《寶刻叢編》卷三引《復齋碑錄》云:「《唐刺史靳恒遺愛頌並陰》:唐張九齡撰,高慈正書,開元十一年立;碑陰述群官陪靳使君登峴山紀文。」《寶刻類編》卷三亦作開元十一年立。《何考》:「立碑在靳恒移官陜州以前,未悉有何根據?尚待續考。」

又查清陸增祥撰《八瓊室金石補正》卷五二,原碑正文拓亦作「開元十一年」,是《曲江集》誤還是碑誤,難定。《楊譜》開元十三年:「去年至今年之間,有《襄州刺史靳公遺愛碑》……拓本有題銜云:『□□大夫中書□人內供奉上柱國曲江縣開國男張九齡撰』(飛按:《補正》所錄碑文此署已完全漫滅),一行尚可辨識,書字下一字雖已磨滅,然必爲捨字無疑。而據本集附錄誥命,九齡封曲江縣開國男在去年(開元十二)年正月十三日,則撰碑必在其後……今年十一月十六日轉太常少卿,則撰碑又當早於此時。」從《何考》繫開元十二年。

十二月,加守中書舍人。

《加守中書舍人敕》:「門下:朝請大夫中書舍人內供奉上柱國曲江縣開國男張九齡……參議東垣,駁正斯允;便繁日久,忠憤逾深。宜章稱職之名,俾加即眞之命。九齡可中書舍人,(褚)琇可守給事中。散官勳封如故。開元十二年十二月十三日」(集本附)。

《徐碑》、《舊傳》均不及中書舍人即眞事,《新傳》記云:「遷中書舍人內供奉,封曲江男。進中書舍人。」不確,「進中書舍人」應爲「加守中書舍人」。

《爲信安王獻聖眞圖表》

《何考》繫開元十八年,云:「《張說之文集》卷三《幸鳳泉湯應制奉和》云:『周狩因岐禮,秦都辨雍名。獻禽天子孝,存老聖皇情。溫潤宜冬幸,遊畋樂歲成。』與表所言,似同一事。查《舊唐書》卷八《玄宗紀》:『開元十八年冬十月庚寅幸岐州之鳳泉湯。』『十二月戊申,尚書左丞相燕國公張說薨。』詩當作於十月間,修圖上表

-69-

或在其後。」

按：開元十八年，九齡在桂州任，與信安王李禕很難相交。與其代作表章，當爲在京任職之時。如信安王表所言「臣一昨扈從西狩岐陽」指十八年冬十月間事，則文應寫於半年之後九齡進京爲秘書少監時；另外，據《舊紀》，開元十一年「十二月甲午，幸鳳泉湯，戊申，至自鳳泉湯。」時九齡在京爲中書舍人，吾以此文作於開元十二年更近實際。

《何考》繫《奉和聖製燭龍齋祭》、《奉和聖製喜雨》於開元十四年，劉斯翰亦從其說。《何考》說，此二詩爲四言體，「頗似祭祀樂章。大抵開元十四年六月以大旱乃親結壇場，用伸祈禱。公適爲太常少卿，躬與其事。及祈雨有應，乃賦詩以慶。」按：詩言「六月徂暑，四郊衍陽。」似與《元龜》卷二六《帝王部・感應》所記：「開元十四年六月丁未，以久旱分命公卿祭山川。己卯，河北道及太原、澤、潞等州皆雨」記載相符。但此時九齡已不在京中，不可能與玄宗唱和。另據《元龜》卷二六，祭北嶽使李曧上言說：「往十二年春夏大旱，六月下旬方始降雨」、又記十九年自春及秋，京城及其它一些地區均亢旱少雨，玄宗五月、七月曾兩次親禱興慶宮龍池。故疑此二詩不作於十四年，暫移繫十二年。

《景龍觀山亭集送密縣高贊府序》

《何考》開元二十五年：「此序撰作年月無可稽考。《唐會要》卷五景龍觀：『崇仁坊，本申國公高士廉宅，西北方金吾衛：神龍元年並爲長寧公主宅。韋庶人敗後，遂立爲觀，仍以中宗年號爲名。』觀既在西京，則此文必撰於公貶荊州以前。」

按：此序情緒高昂，應爲仕途順利時作，暫移至十二年末。

開元十三年（公元 725）乙丑

四十八歲。

在朝請大夫守中書舍人任。

元日，與張說、徐安貞和玄宗《喜雪》詩。

《何考》繫此詩開元八年作。《劉注》從其說。何氏作考云：「《全唐

詩》卷四有劉庭琦《奉和聖製瑞雪篇》。查《通鑒》卷二一二《唐紀》二十八：『開元八年冬十月……萬年尉劉庭琦、太祝張諤與（岐王李）範飲酒賦詩，貶庭琦雅州司戶，諤山莊丞。』劉庭琦之和詩必作於本年十月以前。《冊府元龜》卷四十帝王部・文學云：『玄宗開元八年，親製《春雪詩》。』《文苑英華》卷一七三有張說、徐安貞等奉和喜雪應制詩。徐詩云：『兩宮齋祭近登臨，雨雪紛紛天晝陰。只為輕寒無瑞色，頓教正月滿春林。』疑群臣之和詩均作於正月。《玉海》卷一九五唐元日雪條亦引曲江公此詩，此又一旁證也。」按：玄宗八年親製者乃《春雪詩春臺望》，非《瑞雪篇》可知；劉庭琦一縣尉，何能元日在宮中侍駕？且其詩《文苑英華》於卷一五五、卷三三一兩錄，均題《瑞雪篇》，改題「奉和應制」乃明清人。其詩全為詠雪，無應制根據。《英華》卷一七三唐玄宗《喜雪》下，收張說、徐安貞、張九齡奉和應制詩三首，沒有劉庭琦和詩，就是一個很好的證明。據九齡詩「萬年春，三朝日」語，為元日作。是哪一年元日，九齡詩雖未明言，但據玄宗等詩，可以考定。玄宗《喜雪》言：「日觀卜先徵，時巡順物情。風行未備禮，雲密遽飄霙……登封何以報，因此謝功成。」張說《奉和前篇應制》：「聖德與天同，封巒欲報功。詔書期（集今斯，是）日下，靈感應時通……瑤池百神喜，灑路待行宮。」徐安貞《同前（奉和聖製喜雪）》：「兩宮齋祭近登臨，雨雪紛紛天晝陰。」幾詩都談到一個問題：「登封」、「封巒」、「登臨」，這究竟指的是什麼事情，與下雪又是什麼關係？張說詩是說得最清楚的。他說，老天為什麼下起瑞雪，是因為「封巒欲報功」的詔書剛下，感動了天地（「靈感應時通」），才使得「瑤池百神喜」，他們現在是在為兩宮聖駕的到來灑掃清路（「灑路待行宮」）。「封巒欲報功」，指的是封泰山之事。《大詔令》卷六十六「典禮・封禪」《封泰山詔》：「自古受命而王者，曷嘗不封泰山，禪梁父，答厚德，告成功！」這就是「封巒欲報功」的最好注腳。據《冊府》卷三六，玄宗此詔下於開元十一年閏十一月丁卯（《大詔令》及《唐會要》作十二月，誤，據陳垣《朔閏表》，本年十二月丁亥朔，無丁卯日；閏十二月丙辰朔，丁卯為十二日），距「萬年春，三朝日」十餘日。玄宗《喜雪》及九齡等和作均作於《封泰山詔》下後十餘日的開元十三年正月一日。

《編年史》開元二十三年正月：「元日，玄宗作喜雪詩，寫付陳希烈、張九齡、李林甫等，張九齡、劉庭琦有和作。」1、將玄宗《喜雪詩》與《瑞雪篇》混爲一談。2、劉庭琦《瑞雪篇》非和聖製之作，且開元八年遭貶，何來二十三年復與玄宗唱和（參熊飛《張九齡詩文繫年考補（一）》）？

二月，與唐玄宗唱和，作《奉和聖製賜諸州刺史以題座右》詩

《資治通鑒》二百十二：開元「十三年春二月……上自先諸司長官有聲望者，大理卿源光裕、尚書左丞楊承令、兵部侍郎寇泚等十一人爲刺史。命宰相、諸王、及諸司長官、臺郎、御史，餞於洛濱……上自書十韻詩賜之。」詩見《張燕公集》卷二，題《賜諸州刺史以題座右》，張說與九齡均存和作《奉和聖製賜諸州刺史以題座右》。

《集賢殿書院奉敕送學士張說上賜燕序》

《張燕公集》卷二附唐玄宗《春晚宴兩相及禮官麗正殿學士並序》，尾署「歲次乙丑開元十三年三月二十七日」，則其時麗正殿書院尚未改名。《舊紀》：開元十三年「夏四月丁巳，改集仙殿爲集賢殿，麗正殿書院改集賢殿書院。內五品以上爲學士，六品以下爲直學士。」序云：「集賢殿者，本集仙殿也。上不以惟睿作聖，而猶垂意好學……遂改仙爲賢，去華務實，且有後命，增其學秩。是以集賢之庭，更爲論思之室矣！中書令燕國公，外弼庶績，以奉沃心之謀……師表翰林院，惟帝用藏，固凡所敕。拜命之日，荷寵有加，降聖酒之罍，下御廚之膳。」

序當寫於麗正殿書院改集賢殿書院之時。《何考》置十三年，是。

四月，加中散大夫

《加中散大夫敕》：「朝請大夫中書舍人上柱國曲江縣開國男張九齡……右可中散大夫，勳封如故……有事岱宗，侍升柴燎告成之典……主者施行。開元十三年四月二十五日」（集本附）。

《何考》：「查《唐六典》卷二《新唐書》卷四十六《百官志》：正五品上曰中散大夫，蓋加兩階也。敕云：『而有事岱宗，侍升柴燎。告成之典，既展於封崇；行慶之恩，宜加於班序。』蓋因東封而加階也。東封敕書云：『內外文武官，三品以上賜爵一級，四品以下加一

階。……緣大禮登山供奉侍從行事輿腳等官，……四品以下，特賜一階，仍賜勳兩轉，量與進改。』《舊唐書・本傳》云：『十三年，車駕東巡，行封禪之禮，說自定侍從升中之官，多引兩省錄事主書及己之所親，攝官而上，遂加特進階，超授五品。』公爲張說所親信之人，或得升壇行事，而加兩階也。然加階在東封以前，則誥命繫之月日，誠有疑問。」

按：東封前，九齡曾諫張說東封推恩不能不及百官。《舊傳》記九齡諫張說辭有：「今登封霈澤，千載一遇；清流高品，不沐殊恩；胥吏末班，先加章綬。但恐制出之後，四方失望。」說竟不從。「及制出，內外甚咎於說。」說明開元十二年（閏）十二月《封禪詔》後至十三年十一月《東封赦書》之間，還應有一制，是給「胥吏末班，先加章綬」的。這個下制時間，就可能是九齡《加中散大夫敕》所署時間。

本年秋九月，撰《聖應圖贊並序》

《舊紀》：「景龍二年四月，兼潞州別駕。十二月，加銀青光祿大夫。州境有黃龍，白日升天；嘗出畋，有紫雲在其上，從後望而得之。前後符瑞凡一十九事。」玄宗即位後，潞州又將這十九種祥瑞繪爲圖以獻。《會要》卷二八：「開元十三年九月十三日，潞州獻瑞應圖」（《玉海》卷二百引同）。《新書》卷五九即記永王府長史陳宏畫中有一幅《上黨十九瑞圖》。後在飛龍宮（啓聖宮）西建有瑞閣藏之。九齡此贊，當寫於開元十三年（725）秋九月。

十月辛酉（辛亥朔，辛酉爲十一日），侍駕東封泰山，發自東都

張九齡《加中散大夫制》：「有事岱宗，侍升柴燎。」

《舊紀》：開元十三年，「冬十月辛酉，東封泰山，發自東都」（《御覽》卷一百十一同）。

次成皋，和明皇《次成皋先聖擒建德之所》

《何考》：「《金石錄》卷五《目錄》第九百八十七條云：『明皇行次成皋詩，史敘行書，開元十三年十月。』《八瓊室金石補正》卷三十六：《行次成皋詩》……『開元十三年十月十三日東封之歲，前常州江陰縣尉史敘書。後題開元十三年十月十三日東封之歲。《舊唐書》：

開元十三年，冬十月辛酉，東封泰山，發自東都。是也。史敍《金石錄》作艾敍，傳寫誤耳。中過氾水題詩，史蓋以其事微，不具錄。』（《授堂題跋》）」詩當寫於十月十三日。

十一月，草《東封赦書》

赦書云：「可大赦天下，自開元十三年十一月十三日昧爽以前，大辟罪以下……感赦除之。」文當寫於十一月十三日前後。

十一月十六日，轉太常少卿

《轉太常少卿制》：「門下中書舍人上柱國曲江縣開國男張九齡……可中散大夫守太常少卿，勳封如故。開元十三年十一月十六日」（集本附）。

《徐碑》：「轉太常少卿」。

按：《何譜》：「據《舊唐書‧本傳》，改太常少卿在張說罷知政事之後，似在開元十四年；與誥命不合，疑有誤。」《何考》則進一步作考說：「《舊唐書‧本傳》云：『時御史中丞宇文融方知田戶之事，每有所奏，說多建議違之；融亦以此不平於說。九齡復勸說爲備，說又不從其言。無幾，說果爲融所劾，罷知政事，九齡亦改太常少卿。』則公之轉太常少卿，當在開元十四年四月庚申之後，而《曲江集》附錄之誥命，竟作開元十三年十一月十六日，至爲可疑。今《曲江集》既有《停燕國公中書令制》，如公已改太常少卿，則不應草制；若改太常少卿後，仍兼知制誥，則史無明文。《通鑒》卷二一三開元十四年亦云：『中書舍人張九齡言於說曰：宇文融承恩用事，辯給多權數，不可不備。』則在四月庚申以前，公仍爲中書舍人。誥命所繫之年月，必爲後人妄加。」何氏所疑不爲無據，但余以爲，轉太常誥命所下之日與幸孔子宅同日，其轉太常也有可能是幸孔子宅一時需要，臨時任命，故制言：「掌誥禁垣，是稱無對；亞司宗禮，時稱有歸。」這大約也是唐玄宗決定解決張說問題的一個步驟，實爲後免張說中書令及九齡中書舍人前奏，令九齡草《停燕國公中書令制》，可能在封岱途中，但玄宗卻遲遲沒能最終決定下來，故發佈之日，已是十四年夏四月庚申，這與九齡封岱之時草此制並不矛盾。故其轉太常仍繫此。

同日，侍駕幸孔子宅，作《奉和聖製經孔子舊宅》

《舊紀》：開元十三年十一月「甲午，發岱岳。丙申，幸孔子宅，親設奠祭。」

《賀太陽不虧狀》

《何考》引《新唐書·曆志》：「十三年十二月庚戌朔，於曆當蝕大半。時東封泰山，還次梁宋間……日亦不蝕。時群臣與八方君長之來助祭者……皆奉壽稱慶。」及《文苑英華》卷六三六蘇頲《賀太陽不虧狀》：「陛下爰發行宮，不御常服……金繩玉檢，輪跡於前聞；日觀雲封，降祥於即事。」言蘇狀「當上於開元十三年十二月，公狀疑亦與之同時。」按：《張燕公集》卷十三有《集賢院賀太陽不虧表並答制》，既在「集賢院」，必寫於十三年四月後，或與蘇頲同時所上。但從九齡狀看，未提行宮及東封字樣，此一不同；又九齡狀云：「今月朔，太史奏太陽不虧，據諸家曆，皆蝕十分已上，仍帶蝕出者。」也與《新唐書·曆三下》所記「於曆當蝕大半」有所不同。由此觀之，以上二狀或非撰於同時。《新志》所記「開元二蝕曲變」，除十三年外，還有一次是「開元十二年七月戊午朔，於曆當蝕半強，自交趾至於朔方，候之不蝕。」不知九齡此狀是撰於十二年還是十三年，暫置此以俟續考。

十二月二十日，侍駕回東都洛陽，作《奉和聖製登封禮畢洛城酺宴》

《舊紀》：開元十三年「十二月己巳，至東都。」

《通鑒》卷二百十二：開元十三年「十二月乙巳，還東都。」（按：本年十二月庚戌朔，無乙巳日，當是己巳之誤）

張九齡《東封赦書》：「時邁東土，柴告岱宗……登降之禮畢……率土之內，賜酺七日。」詩當作於十二月己巳歸來七日之內。《英華》卷一六八蘇頲《廣達樓下夜侍酺宴應制》詩云：「東嶽封回宴洛京，西墉通晚宴公卿。」

《何考》以為與九齡此詩同時作。我以為難定；但至少可以肯定的是，兩詩同作於東封回洛陽七日酺宴中。廣達樓，在東都宮城內。《唐兩京城坊考》卷五：「東京·宮城」：「左右銀臺門、金鑾門、廣達樓、紫宸殿。」

唐開元十四年（公元 726）丙寅

四十九歲。

在中散大夫守太常少卿任。

宰相張說停兼中書令。

《停燕國公中書令制》

《舊紀》：開元十四年「夏四月癸丑，御史中丞宇文融與御史大夫崔隱甫彈尚書右丞相兼中書令張說，鞫於尚書省……庚申，張說停兼中書令。」《通鑒》卷二百十三：開元十四年「夏四月壬子，（崔）隱甫、融及御史中丞李林甫共奏彈張說引術士占星，徇私僭侈，受納賄賂……源乾曜等鞫張說事頗有狀……庚申，但罷說中書令，餘如故。」（《元龜》卷五百二十下略同）文當寫於四月庚申前。

《楊譜》開元十四年：「《通鑒》卷二百十三：開元十四年『夏四月壬子，（崔）隱甫、融及御史中丞李林甫共奏彈張說引術士占星，徇私僭侈，受納略……源乾曜等鞫張說，事頗有狀……庚申，但罷說中書令，餘如故。』與傳合。然兩傳皆云：『九齡亦改太常少卿。』則失時序。九齡去年十一月十六日轉太常少卿，方在東封禮畢之際；且今年將祭嶽瀆，或九齡自求爲太常少卿，俾得奉使乘便歸寧亦未可知。本集卷四《奉使自藍田玉關南行》詩云：『匪爲徇行役，兼得慰晨昏。』同卷《夏日奉使南海在道中作》詩云：『肅事誠在公，拜慶遂及私。』均見此意。然則九齡奉使，恐亦非屬偶然！撰史者或以太常少卿幾於閒散，中書舍人實參樞密，遂臆測其必以張說罷政而改職也。至於張說停中書令，制文猶出九齡手筆，蓋九齡此時仍在翰林供奉乎！」

五月，出為冀州刺史；未之任，即以舊職奉詔祭南嶽及南海

《授冀州刺史制》：「中散大夫守太常少卿上柱國曲江縣開國男張九齡可持節冀州諸軍事、冀州刺史，散官如故。開元十四年五月十四日」（集本附）。

《徐碑》：「出爲冀州刺史。」

《舊傳》：「改太常少卿，尋出爲冀州刺史。」

《何考》於「出爲冀州刺史」下作考云：「《曲江集》附錄《授冀州

刺史制》作開元十四年五月十四日。考公於六月丁未奉敕祭南嶽，尚爲太常少卿；改冀州刺史，必在事畢還都之後。徐碑云：『出爲冀州刺史，以庭闈在遠，表請罷官。』《舊唐書・本傳》亦云：『尋出爲冀州刺史，九齡以母老在鄉，而河北道里遼遠，上疏固請換江南一州，望得數承母音耗，優制許之。』蓋公雖授冀州刺史，實未嘗到官也。《曲江集》附錄《授洪州刺史制》亦稱『新除冀州刺史』，此可證也。今查《冀州志》卷九《職官上》：『張璽曰：舊志有張九齡，時齡母老不肯行，改任，故不錄。』其說良是。」

以太常少卿職奉使祭南嶽及南海，六月初從京城出發

九齡奉詔祭南嶽及南海，事在開元十四年，《元龜》卷一四四則記曰：「十四年六月丁未，以久旱分命六卿祭山川……太常少卿張九齡祭南嶽及南海……壬戌，以旱及風災，命百官及州縣長官上封事指言時政得失，無有所隱。」同上卷二六：「開元十四年六月丁未，以久旱分命公卿祭山川。己卯，河北道及太原、澤、潞等州皆雨，祭北嶽使李暠上言。」同上卷一百二：開元「十四年六月，以旱及風災，命百官及州縣長官上封事極言時政得失，無有所隱。」兩唐書雖不及十四年大旱及祭嶽事，然《舊紀》將玄宗令百官上封事詔亦置於十四年六月戊午，都記爲十四年六月。《唐大詔令集》卷七四錄《令盧從願等祭嶽瀆敕》：「敕：……太常少卿張九齡祭南嶽及南海。」敕文末原有注：「開元十四年正月。」「正」應爲「五」之誤。制爲五月下，九齡從西京出發在夏至前後，「六月丁未（一日）」似是出發之日，而非下制之日。《奉使自藍田玉關南行》：「是節署雲熾」。是節，指夏至。《何譜》、《楊譜》從《大詔令》作正月，未深考也。

另，《元龜》記九齡奉使時是在「太常少卿」任，與集附《授冀州刺史制》不符；也與後《授洪州刺史制》不符。《何考》謂「改冀州刺史，必在事畢還都之後。」約是基於這個考慮。但我認爲，在沒有文獻證據的情況下，是不可以輕易否定集所附《授冀州刺史制》的。當時的情況約是朝廷已授張九齡冀州刺史，張九齡「以庭闈在遠，表請罷官。」於是玄宗便臨時讓他以原職太常少卿奉使祭南嶽及南海，以方便他省親。回京後，仍以新職改刺距其家較近的洪州。

奉使途中，有《奉使自南田玉關南行》、《夏日奉使南海在道中作》、《登（祭）南嶽事畢謁司馬道士》諸作

《使還湘水》

> 《何考》開元十四年：「詩云：『鄉郊尚千里，流目夏雲生。』公之奉使祭南嶽，《冊府元龜》作六月丁未，此又一證也。」從之。《劉注》：「此詩心境情調與《使還湘水》、《初入湘中有喜》基本一致，亦當是同時所作。何格恩《編年考》繫開元十四年祭南海道中作，無據。今不從其說。」何氏及劉氏均謂張九齡任校書郎期間，曾一度奉使南還，非。九齡一生中明確奉使南還，僅開元十四年一次，從《何考》繫本年。

《自湘水南行》

> 《劉注》：「此詩心境情調與《使還湘水》、《初入湘中有喜》基本一致，亦當是同時所作。何格恩《編年考》繫開元十四年祭南海道中作，無據。今不從其說。」何氏及劉氏均謂張九齡任校書郎期間，曾一度奉使南還，非。明確奉使南還，九齡一生中，僅開元十四年一次。本詩言：「雖云有物役，乘此更休閒……中流淡容與，唯愛飛鳥還。」「物役」，此應指做官奉使。其心境比較平和，應是官做到一定程度後，非校書郎或拾遺時所有。從《何考》繫本年。

《赴使瀧峽》

> 《何考》：「此詩所描寫，多屬深秋景色。又云：『別離多遠思，況乃歲方陰。』蓋公祭南海事畢，離家北返，過昌樂瀧時所作也。」《劉注》亦從其說。

《與生公尋幽居處》、《與生公遊石窟山》

> 生公，姓名不詳。從「同方久厭俗，相與事退討」句看，他應是九齡一位志同道合的朋友。劉斯翰《題解》：「此詩疑是開元十四年夏六月奉使祭南海，祭畢北還經南嶽致祭期間所作。何格恩《編年考》繫之開元二十八年，無據。」從「我本玉階侍」「歲晚林始敷」及「今為簡書畏，只令歸思浩」等句看，《劉注》繫十四年可從。但說「北還經南嶽致祭期間所作」，則不甚妥。去時致祭，回時純是遊山尋幽訪道。

《使至廣州》

《何考》開元十九年：「疑爲出巡途中作。」《劉注》從之。按：此詩與《春江晚景》同《與王六履震廣州津亭曉望》三詩，在二十卷本《曲江集》中排在一起，《春江晚景》詩云：「薄暮津亭下，餘花滿客船。」此「津亭」，當即廣州津亭，故定其作於廣州當有所據。《楊譜》開元十四年於《使至廣州》下考云：「其按察嶺南時所作諸詩，如本集卷四《巡按白漓水南行》、卷二《酬周判官巡至始興會改秘書少監見貽之作》，並題『巡按』、『巡至』（詳開元十九年譜），而本年奉使諸詩，皆題云『奉使』、『赴使』、『使還』，其製題本有區別；此自既題『使至廣州』，則爲此時所作至顯。再者，同爲奉帝命，同爲至廣州，故以陸生事入詩，正見其精切，若乃巡按而隸事如此，則轉爲不工矣。」楊先生所言甚是，從之。

《與弟遊家園》

《何考》開元十八年：「詩云：『定省榮君賜，來歸是晝遊。林鳥飛舊里，園果釀新秋。……善積家方慶，恩深國未酬。棲棲將義動，安得久情留。』此詩當爲赴桂州任，路過韶州，歸家省親時所作。」《劉注》《彭注》均從之繫十八年。《楊譜》開元十四年：「秋初，在韶，有《與弟遊家園》詩。」按：張九齡從洪轉桂赴任未曾至家省親，是出巡時由西江回韶，時爲春；初秋至家乃開元十四年祭南嶽畢。故從《楊譜》繫十四年。

《使還都湘東作》

《何考》：「詩云『蒼庚昨歸候，陽鳥今去時。』似屬深秋景色。《文選》卷二十三張載《七哀詩》云：『秋風吐商氣，蕭瑟掃前林。陽鳥收和響，寒蟬無餘音。』此可證也。查《舊唐書》卷八《玄宗紀》：玄宗自十三年十二月己巳東封還，十四年在東都，自至十五年閏九月庚申始發東都還京師，故云『始還都』也。」《劉注》：「疑『都湘』之間或有闕文。何格恩《編年考》繫於開元十四年六月祭南海時期所作，當誤。詩中云：『壯谷離別衰』，三十爲壯，若繫於開元十四年，九齡已將及五十，安得言此？又『蒼庚昨歸候』，明說南歸時在春季，顯非六月。今繫於景龍三年奉使南歸，已復北上時所作。是年九齡三十二歲，正當壯歲；且與《使還相水》所言季節亦相吻合，庶幾近之。」按：何氏所言甚是，劉先生對原詩理解似有偏差。「蒼

庚昨歸候，陽鳥今去時」，用的是《詩經‧豳風‧七月》詩意：「七
月流火，九月授衣。春日載陽，有鳴倉庚。」僅借倉庚、陽鳥言七
月回，九月歸。「壯容離別衰」，言己之壯容已在離別中衰，非言現
在是壯容，將爲離別所衰。且詩題明言「使還都」，詩中言「盛明非
不遇」，校書郎怎可言遇！「當須報恩已，終爾謝塵緇。」都應是官
中書以後之情懷。故不從《劉注》。

約本年冬至前奉使回到東都，與張說、孫逖、盧象等作《送趙都護赴安西》詩，送趙冬曦弟趙頤貞赴安西副大都護任

《何考》：「《新唐書》卷二百《儒學下‧趙冬曦傳》：『頤貞，安西都
護。』《元和姓纂》卷七『二十小‧中山趙氏』條云：『顯（頤字之
誤）貞，員外、職方郎中、安西都護。』此詩所送之趙都護，疑即
趙頤貞。《張說之集》卷六《送趙頤眞郎中赴安西》（《文苑英華》卷
三百作頤貞）云：『復承遷相後，珍重在賢情。』查《通鑑》卷二一
三開元十四年十二月『曾遷入朝，趙頤貞代爲安西都護。』《舊唐書》
卷一九四下《突厥下‧蘇祿傳》云：『開元中，安西都護杜暹入知政
事，趙頤貞代爲安西都護。』按同書卷八《玄宗本紀》：『開元十四
年九月己丑，檢校黃門侍郎兼磧西副大都護杜暹同中書門下平章
事。』趙頤貞之代爲安西，當在其後。曲江公詩云：『南至三冬晚，
西馳萬里寒。』則《通鑑》排在十二月，更覺信而有徵。《文苑英華》
卷三百孫逖《送趙都護赴安西》云：『外域分都護，中臺命職方。欲
傳清廟略，先取劇曹郎。』蓋趙頤貞以職方郎中出爲安西都護也。」
何氏所考極明，從之。

《酬宋使君見貽》

《何考》置開元四年，《劉注》：「此詩當是開元十四年奉使祭南海途
中所作。宋使君，疑即宋鼎，時爲荊州刺史。……何格恩《編年考》
繫於開元四年左拾遺南歸省親時之作，當誤。蓋四年之南歸，乃棄
官歸隱，與此詩意不合；且何氏疑宋使君爲宋璟，亦當誤，宋璟時
任廣州都督，與左拾遺官階相去甚遠，九齡不得以如此口吻酬答。」
《劉注》謂《何考》之誤甚確，但疑宋使君爲荊州刺史宋鼎則缺乏
文獻依據。宋鼎爲荊州長史與九齡相交接，在開元二十五年，其爲
一州刺史絕不可能從開元十四年做到二十五年。宋使君，似非宋鼎；

若爲宋鼎，則時不當爲荆州長史。吾疑其人即曲江公曾爲之送行的宋司馬（《餞宋司馬序》），不知是否爲荆州刺史宋之遜（參郁賢皓《唐刺史考》）？若爲之遜，則時應在開元十四年夏。

《故安南副都護畢公墓誌銘並序》

《何考》開元十五年引《集古錄目》卷三：《唐端州石室記》：「李邕撰並書，端州刺史畢守恭與僚佐遊於石室，爲此記。以開元十五年正月立。」後考曰：「假定畢守恭於開元十五年正月爲端州刺史，拜安南副都護當在其後。暫繫於本年之末，以待續考。」《郁考》置畢守恭爲端州刺史在「開元前期。」愚意，立碑之年當後於撰文之年。從九齡本文看，《郁考》當有道理。文云：「廣平公深以爲能，奏假恩州刺史，俄又眞授，夷落大寧。尋加朝散大夫，遷端州刺史。居必致理，莫匪嘉績，並護之寄，朝選以歸。於是加秩中散大夫，拜安南副都護。到官未幾，暗忽遷殂，時年六十。」廣平公宋璟爲廣州刺史嶺南節度在開元四年，其爲恩州刺史《郁考》置「約開元四年（約 716）」，當在四年至六年間。其遷端州，當在六至九年間。故其遷安南副都護，約在開元十年左右。吾以九齡此銘，當撰於在京任內職之時，也有可能撰於此次祭南海或回韶省親之時。不得晚於本年。

《和韋尚書答梓州兄南亭宴集》

韋尚書：刑部尚書韋抗。梓州兄，指梓州刺史韋抱眞。《舊書》本傳：「（開元）十一年，入爲大理卿。其年，代陸象先爲刑部尚書……十四年卒。」梓州兄，韋抱貞。《何考》引《姓纂》卷二京兆韋氏「琨户部侍郎、太子詹事。生暢、展、初（應爲幼）平、調翼。暢生抗……刑部尚書……初（幼）平生抱貞，梓州刺史。」韋抗死於開元十四年八月，「此詩當作於其前。」劉斯翰《題解》從其說，並言孫逖有《和韋尚書兄春日南亭宴兄弟（原注：兄在京）》詩，當一時之作。是。郁賢皓《刺史考全編》卷二二九「劍南道·梓川」：「《全詩》卷七四蘇頲《夜聞梓州韋使君明當引緋感而成章》，韋使君即指韋抱眞。詩作於開元十五年。詩云：『對連時亦早，交喜歲才周……詎期危露盡，相續逝川流。臥疾元三弔，閒居有百憂。』詩中連指謝惠連，暗喻韋抗，開元十四年卒。『喜』指嵇喜，暗喻韋抱眞，亦已亡

故，故云『相續逝川流』。」按：據九齡詩，韋抱眞刺梓在其堂弟韋抗作刑部尚書之時；而據蘇頲詩，其逝又在韋抗死後；則其刺梓應在開元十二年至十五年間。郁考僅置「約開元十二年（約 724）」，不知何故。

唐開元十五年（公元 727）丁卯

五十歲。

在中散大夫持節冀州諸軍事、冀州刺史任。

二月，張說坐與宇文融、崔隱甫等相爭，玄宗下制令張說致仕，崔隱甫免官侍母，開元十四年融左遷魏州刺史（《舊紀》）。

《故果州長史李公碑銘》：《何考》本銘及後《故瀛州司戶參軍李府君碑銘》二文並繫於開元十三年後，言「李察之出守許州，當在十二三年之間，公撰碑則在其後。」具體時間何氏未言。據張九齡二碑，其文當是李察作刺許州之時，從許州將父祖之墓遷回趙郡房子縣時所撰。趙郡與冀州爲緊鄰，九齡時與李察同官刺史，吾以爲當是張九齡刺洪甚或命爲冀州刺史前後所撰，時約開元十四五年，暫繫出守前。

三月十三日，改授使持節都督洪州諸軍事守洪州刺史

《授洪州刺史制》：「門下中散大夫新除冀州刺史上柱國曲江縣開國男張九齡稟秀傑出，含章挺生……可使持節都督洪州諸軍事守州刺史……散官勳封如故，主者施行。開元十五年三月十三日」（集本附）。

《徐碑》：「出爲冀州刺史。以庭闈在遠，表請罷官，改洪州都督。」

《舊傳》：「以母老在鄉，而河北道里遼遠，上疏固請換江南一州，望得數承元音耗。優制許之，改爲洪州都督。」

《新傳》：「以母不肯去鄉里，表換洪州都督。」

九齡至洪州上任，途經江寧

《經江寧覽舊跡至玄武湖》

《何考》：「詩云：『山雖幕府在，館豈豫章留。』當爲赴洪州任時作。」

關於由東都至洪州之線路，可參考《李翱南來錄》。蓋李翱於元和四年正月己丑，應嶺南節度使館楊於陵之辟，由東都沿漕道，出洛下河，止汴梁口，遂泛汴流，通河於淮，經河陰、汴州、陳留、雍丘、宋州、永城、埇口、泗州、下汴渠入淮經盱眙、楚州、揚州，濟大江至潤州。據《元和郡縣志》卷二十五：『玄武湖在潤州上元縣北十晨里。』曲江公此行，疑亦沿漕道也。……曲江公至江寧後，便溯江西上，經宣州當塗界，至江州入彭蠡湖經廬山而至洪州，則較爲快捷也。」《劉注》：「此詩當是往天台山謁司馬道士後，北歸途經江寧所作。何格恩《編年考》繫於開元十五年出任洪州時，無據，今不從。」按：《何考》考九齡此行路線甚悉，《劉注》謂九齡往天台山謁司馬道士不確，從《何考》繫此。

《旅宿淮陽亭口號》

　　《何考》：「此詩《四部叢刊續編・宋之問集》及《全唐詩》卷三宋之問詩均收。詩云：『故鄉臨桂水，今夜渺星河。』查《輿地紀勝》卷九十云：『桂水在曲江縣西北四十里，源出縣界桂嶺下，東流一百里合武水。嶺上月桂，因名。』此詩當爲公作無疑。但年月尚難推定，暫排於出守洪州沿途所作詩之前，以俟續考。」李嘉言《全唐詩校讀法》云：「九齡曲江人，《輿地廣記》卷三五云曲江有桂水，則此詩爲九齡作無疑。」

行經宣州，至當塗界，與宣州刺史裴耀卿唱和

《當塗界寄裴宣州》、《江上使風呈裴宣州》

　　《何考》以此二詩中之「裴宣州」爲時任宣州刺史的裴耀卿，是。九齡《曲江集》卷三附裴耀卿《敬酬當塗界留贈》「茂生是王佐」及《再酬使風見示》「茲地五湖鄰」二詩，題下署「宣州刺史裴耀卿」；郁賢皓《刺史考全編》置裴耀卿爲宣刺在開元十二年～十三年（724～725），爲宣州刺史在開元十四年～十八年（726～730）。又言：「據今人史雙元考證，開元十四年河南北大水時，裴耀卿尚在濟州，則其刺宣當在十四年七月後。」按：孫逖《唐濟州刺史裴公德政碑》云：「初，公以甲子歲秋八月蒞於是邦……其三年秋大水，河堤壞決……公之方在河上也，有執訊者傳詔，命公爲宣州刺史。」裴耀卿刺濟州在「甲子歲秋八月」，即開元十二年八月，其離濟在「河堤

壞決」的十四年秋。《新紀》：開元十四年「七月癸未，瀍水溢。八月丙午，河決魏州。」故其刺濟州當爲三年，爲宣刺五年。九齡刺洪州之時，宣刺爲裴耀卿。

在途有《湖口望廬山瀑布水》、《彭蠡湖上》、《入廬山仰望瀑布水》、《自彭蠡湖初入江》、《江上遇疾風》、《出爲豫章郡途次廬山東岩下》諸作。

《何考》：「以上各詩皆爲赴洪州任途中作。」是。

《祭洪州城隍神文》

文曰：「維開元十五年歲次丁卯六月壬寅朔十日辛亥，中散大夫使命地節督洪州諸軍事洪州刺史上柱國曲江縣開國男張某，謹以清酌脯醢之奠，祭於城隍神之靈。」

《洪州西山祈雨是日輒應因賦詩言事》

此詩《何考》繫十八年七月三日前。《劉注》繫開元十六年冬，不從。據《舊紀》開元十五年：「是秋，六十三州水，十七州霜旱。」洪州本年夏淫雨（《祭洪州城隍神文》），必秋旱。詩云：「靜入風泉奏，涼生松栝圍。」當爲秋末或冬初之景。

《祭故李常侍文》

《何考》以爲當作於開元十五年十月朔至十八年四月之間，愚以爲當作於本年十月朔。說見下。

因與故相張說關係密切，張說被勒令致仕，九齡亦受到牽連，初至洪州，即爲人蜚語所中，朝廷疑之。本年秋，派監察御史孫翊等爲使往勘。

《候使登石頭驛樓》

「自守陳蕃榻，嘗登王粲樓。」石頭驛，在南昌縣。《江西通志》卷三五：「石鎮鋪，在（南昌）縣西北十里，即舊石頭驛。唐韓愈、張九齡、戴叔倫皆有石頭驛詩。」詩當爲九齡守洪州時作。他在石頭驛所候之使，當即監察御史孫翊。《何考》、《劉注》均置十五年，從之。

《郡南江上別孫侍御》（叢刊本題《郡江南上別孫侍郎》，有誤，今從四庫本）

詩言：「雲嶂天涯盡，川途海縣窮。何言此地僻，忽與故人同。身負邦君弩，情紆御史驄。王程不我駐，離思逐秋風。」孫侍御，指時任監察御史的孫翊。原集卷四附《酬洪州江上見贈》詩：「受命讞封疆，逢君牧豫章。於焉審虞芮，復爾共舟舫。悵別秋陰盡，懷歸客思長。江皋枉離贈，持此慰他鄉。」題下署：「監察御史孫翊。」孫翊，字

李良，以字行。吳郡（江蘇蘇州）人，祖籍河南偃師。《舊傳》：「開元中爲左拾遺集賢院直學士，撰《正聲集》三卷，行於代。」《何考》：「《御史臺精舍題名》：監察御史内有孫翃；《舊傳》不紀，蓋失載也。《曲江集》卷十《答嚴給事書》：『既而遠出，猶有餘釁，巧言潛搆，期僕傾危；故使者之來，怒於心而色於事，賴於自慎，幸且無咎。』孫翃之奉使洪州，與公之被讒，疑其有關也。」何氏所疑甚是。

九齡洪州任上被勘事，各史均不記，但其《答嚴給事書》及上二詩即可說明。至於因何事被勘，各家均只言及與張說關係一層，本人認爲，應還有導因。這個導因，據本人考察，可能與宋國公李令問家有關。從《曲江集》卷十七《祭故李常侍文》知其與李令問家有關係，文云：「維年月朔日，中散大夫洪州都督張九齡謹遣倉曹參軍李某，以脯醢之奠祭於故宋國公之靈。」張九齡在洪州所祭之宋國公李常侍，就是李令問。《舊書》卷六七《李靖傳附弟客師孫李令問傳》：「客師孫令問，玄宗在藩時與令問款狎，及即位以協贊功累遷至殿中少監……開元中，轉殿中監，左散騎常侍，知尚食事……十五年，涼州都督王君㚟奏迴紇部落叛，令問坐與連姻，左授撫州別駕，尋卒。」《通鑑》卷二一三《唐紀》二九：「開元十五年九月己卯，貶右散騎常侍李令問爲撫州別駕，坐其子與承宗交遊故也。」關於「迴紇部落叛」這件事情，《舊書》卷一百三《王君㚟傳》言之甚詳：「初，涼州界有迴紇、契苾、思結、渾四部落，代爲酋長，君㚟微時往來涼府，爲迴紇等所輕。及君㚟爲河西節度使，迴紇等怏怏，恥在其麾下。君㚟以法繩之，迴紇等積怨，密使人詣東都自陳枉狀。君㚟遽發驛奏『迴紇部落難制，潛有叛謀』。上使中使往按問之，迴紇等竟不得理。由是瀚海大都督迴紇承宗長流瀼州，渾大德長流吉州，賀蘭都督契苾承明長流藤州，盧山都督思結歸國長流瓊州，右散騎常侍李令問、特進契苾嵩以與迴紇等結婚，貶令問爲撫州別駕，嵩爲連州別駕。」洪州倉曹參軍李某是否爲李令問子侄，不得而知，但張九齡既專門遣他去祭李令門，至少說明張九齡與李令問關係密切。李令問被貶，張九齡受到牽連，恐不爲無據，此其一；正因爲如此，所以有人造謠說張九齡與李令問等人關係密切，也有通敵致寇之嫌。故九齡在《答嚴給事書》中對嚴挺之說：「凡爲前相所厚者，豈必惡人耶？……嗷嗷眾口，曾不是察，

既不在服，又加之讒間，負乘致寇，幾於不免。」九齡此書所言：「負乘致寇」，當與李令問罪名一般，《通鑒》説李令問是「坐其子與（迥紇）承宗交遊故」而貶，而九齡與李令問父子交厚，難道沒有「致寇」之嫌？因此，我疑九齡《曲江集》中與李姓人物交者中，就可能有令問之子。可惜的是，《舊傳》不記李令問子，《新表》連李令問之職，也只記爲「殿中監」，並非終職左（一作右）散騎常侍，更不及其子嗣，無從查考。是否抄斬，不得而知。令問貶爲撫州別駕在開元十五年九月己卯，本月庚午朔，己卯爲十日。李令問卒於何時，傳僅言「尋卒」，即貶撫州不久就死了，當死在九月中下旬。此祭文很可能就是開元十五年十月朔所寫。故九齡此次被讒，如與李令問有關的話，也證實在本年秋九月己卯前。《編年史》繫此詩開元十七年，無據不從。

《忝官二十年盡在內職及爲郡嘗積戀因賦詩焉》：

　　《何考》開元十五年：「按：公自三十歲授校書郎，至是適爲二十年。」
　　《劉注》：「詩中言『江流去朝宗』、『白水生迢遞』，與洪州臨贛水亦相合。以是知此詩當是初到洪州之作。」彭慶生注：「九齡於神龍三年（707）釋褐爲校書郎，開元十四年出爲冀州刺史，其間整二十年……詩當作於開元十四年任冀州刺史時。」按：九齡未至冀州上任，即改洪州，故初爲郡應指作洪刺，彭先生未深考也。

在洪州，與集賢直學士綦毋㬇唱和，有《同綦毋學士月夜聞雁》、《在洪州答綦毋學士》。

　　《何考》繫二詩開元十八年，並疑綦毋學士爲集賢院直學士虔州人綦毋潛，其後諸多學者之論，幾乎都言「綦毋學士」爲綦毋潛。這個説法，大約是本《新唐書》卷六十：「綦毋潛，詩一卷。字孝通，開元中由宜壽尉入集賢院待制，遷右拾遺，終著作郎。」《唐詩紀事》卷二十：「開元中，由宜壽尉入集賢院待制，遷右拾遺。」《唐才子傳》卷二：「開元十四年嚴迪榜進士及第，授宜壽尉。遷右拾遺，入集賢院待制，復授校書。」這是宋元人關於綦毋潛曾任集賢院待制的幾條權威記載。其實，關於綦毋潛爲集賢待制（或學士）這個記載是很值得懷疑的。它們之間存在明顯的矛盾，《新書》與《紀事》言綦毋潛是由宜壽尉入集賢院待制，遷右拾遺，而《才子傳》則謂是授宜壽尉，遷右拾遺，入集賢院待制，復授校書。這個矛盾也説明材料來源有問題。

九齡詩明言「在洪州答綦毋學士」，這位「綦毋學士」，顯然應與張九齡一樣爲張說拔在集賢院者。據本人考察，當時集賢直學士有綦毋㬎（又作毋㬎，誤爲毋旻、毋景、毋嬰等，《姓纂》卷二作毋㬎，岑仲勉先生校語可參）。詩人王灣有《哭補闕亡友綦毋學士》詩，見《河嶽英靈集》卷下。所哭即其人。《續茶經》卷下之三：「《侯鯖錄》：唐右補闕綦毋㬎，博學有著述，性不飲茶，嘗著《伐茶飲序》……㬎在（《新語》作直，是）集賢，無何，以熱疾暴終。」此條見《侯鯖錄》卷四，本出《大唐新語》卷十一，綦毋㬎作毋㬎，不知是本作綦毋，還是綦毋可簡作毋。「疾終」後有「玄宗聞而悼之，贈朝散大夫。」《太平廣記》卷一所錄亦作「出《唐新語》」。《大唐新語》卷九：「開元十年，玄宗詔書院撰《六典》以進。時張說爲麗正學士，以其事委徐堅。沉吟歲餘，謂人曰：『……歷年措思，未知所從。』說又令學士毋嬰（㬎）等，檢前史職官，以令式分入六司，以今朝《六典》，象周官之制……至二十六年始奏上，百僚稱賀，迄今行之。」《在洪州答綦毋學士》與《同綦毋學士月夜聞雁》均是與集賢直學士綦毋氏的唱和之作，《聞雁》應作於前。據《續茶經》，與九齡及王灣唱和之「綦毋學士」即綦毋㬎（參熊飛《開元「綦毋學士」爲誰》）。

《西山祈雨是日輒應因賦詩言事》

《何考》開元十八年：「此詩當作於洪州任內，至遲在七月三日前。」《在洪州答綦毋學士》詩云：「旬雨不衍期，由來自若時。」《何考》：「似與西山祈雨詩有關。」《劉注》繫開元十六年冬。開元十五年六月，九齡因洪州「淫雨不止」，作《祭洪州城隍神文》，十五年夏大水，其年秋冬就可能大旱。《舊紀》只記「是秋六十三州水，十七州旱。」洪州當是旱。故移置十五年。

《荔枝賦》

《何考》開元十五年：「《荔枝賦》疑作於本年。」從之。

《在郡秋懷》

《何考》開元十五年：「詩云：『五十而無聞，古人深所疵。』公是時適爲五十歲，詩似當作於本年。又云：『掛冠東都門，采蕨南山岑。』查《舊唐書》卷八《玄宗紀》：『開元十五年閏（九）月庚申，車駕發東都還京師。』則公作詩時，玄宗仍在東都也。」所言極是，從之。

《東湖臨泛餞王司馬》

　　《英華》卷二六八題「王司馬」作「楊司馬」。《何考》言:「未悉孰
　　是?」

《臨泛東湖時任洪州》

　　《何考》:「詩云:『晚秀復芬敷,秋光更遙衍。』似當作於秋間。」

《登郡城南樓》、《登城樓望西山作》《郡府中每晨興輒見群鶴東飛,至暮又行
列而返,唼喋雲路,甚和樂焉。予愧獨處江城,常目送此,意有所羨,遂賦
以詩》

　　《何考》:「以上各詩,均表示不得志之心情而欲潔身引退,疑為初
　　任洪州時作。」從之。

《郡府中每晨興輒見群鶴東飛,至暮又行列而返,唼喋雲路,甚和樂焉。予
愧獨處江城,常目送此,意有所羨,遂賦以詩》

　　《何考》繫開元十五年,疑此詩為初任洪州時所作。《劉注》從其
　　說。彭慶生注:「題云『江城』,詩言『長江』,當作於開元二十五
　　年(737)至二十七年任荊州長史時。」按:洪州所在地也是「江
　　城」,也可言「長江」,以此難定其地;但詩所表現的思親情懷,似
　　應為出守洪州時所有。

《後漢徵君徐君碣銘》

　　銘云:「皇唐開元十五年,予忝牧茲郡,風流是仰,在懸榻之後,想
　　見其人。」此碣立碑年月已佚。《何考》、《楊譜》均據碣文繫開元十
　　五年,從之。

唐開元十六年（公元 728）戊辰

　　五十一歲。

　　在持節都督洪州諸軍事守洪州刺史任。

因從樞要出守,心理已失平衡;加之朝中又有人流言中傷,朝廷也產生
懷疑,並派人至洪州審驗,更增加了他的心理壓力;更兼九齡從姜皎、
李令問等協贊大臣的下場中,看到了明主的另一面。因此,事平後不久,
即抗表請求歸養,有《答嚴給事書》。

　　《楊譜》開元十七年:「去夏至今夏之間,嘗表請歸養,有答嚴挺之書。」

張九齡在《祭故李常侍文》中説：「惟公世載賢傑，天資忠厚，外珪組而雖華，內冰鏡而無垢。善常不伐，明能自晦。省中之梅，訪猶不言；車前之馬，數而後對……靈之來歸，茲馬旅次瞻望無睹，悲辛自至。頃密邇而寄音，念寞然而結歡。南北於遠，幽明永異，何以敘情，寄之奠饋。」又在《答嚴給事書》中言：「僕方請歸養，從此告辭……去矣嚴子，勉事聖君。」嚴給事，給事中嚴挺之。

《舊傳》：「開元中爲考功員外郎，典舉二年，大稱平允，登科者頓減二分之一。遷考功郎中，特敕又令知考功貢舉事，稍遷給事中……（因頂撞宰相李元紘等事）因出爲登州刺史。」《唐語林》卷八：「累爲主司者：考功員外嚴之：開元十四年、十五年、十六年。」《登科記考》卷七同。《何考》：「嚴挺之遷給事中，當在十七年。」嚴挺之出爲登州刺史，乃因宰相李元紘與杜暹不協及二人所拔者鬧矛盾和挺之當面頂撞李元紘所致。李元紘與杜暹同時罷相在開元十七年六月（《舊紀》與《新表》），挺之出爲登州刺史當在同時或稍前，其爲給事中或在十六年，也有可能在十七年。《何考》、《楊譜》置十七年，從其書中説到「是以冒死抗疏，乞歸侍藥」之言來看，似應在接受朝廷審查之後不久。《何考》置監察御史孫翃南來在十五年，而給嚴挺之寫此信在十七年，似不妥。故移置十六年。

《歲初巡屬縣登高安南樓言懷》

高安縣，洪州屬縣。《何考》開元十八年：「公於本年七月三日轉桂州，此詩至遲當作於本年春。」

《巡屬縣道中作》

《何考》開元十八年：「詩云『春令夙所奉，駕言遵此行。』疑當作於本年春。」以上二詩，從《劉注》移置本年春。

《開元正曆握乾符頌》

開元正曆，即大衍通玄鑒新曆；簡稱大衍曆。頌云：「臣伏見景寅制書，以開元曆握乾符垂示大卜。」《舊唐書》卷八：開元十六年「八月己巳（六日），特進張説進開元大衍曆，詔命有司頒行之」。《天中記》卷六引張説《大衍曆序》：「開元十有三祀，詔沙門一行……勒成一部，名曰『開元大衍曆』……謹以十六年八月端午赤光照室之夜，皇雄成紀之辰，獻萬壽之新曆。」此序記張説獻曆在十六年八

−89−

月端午（五日），即玄宗降誕之日。《玉海》卷十：「《會要》：開元大衍曆，十五年一行刊定，詔（張）說成之，因編次勒成一部……凡五十二卷，十六年八月十五日張說進」。《玉海》引《會要》作「十五日」及《會要》四二作「十六日」，均誤。

唐開元十七年（公元 729）己巳

五十二歲。

在持節都督洪州諸軍事守洪州刺史任。

《唐贈慶王友東平呂府君碑銘》

呂公：呂處貞，字虞求（一作永）。文中言及處貞「開元十七年，有制贈公慶王友，夫人贈河間郡君。」《何考》置開元十七年，云：「《張說之集》卷二十三《爲將軍高力士祭父文》亦署開元十七年，此可證也。」從之。

《大唐故光祿大夫右散騎常侍集賢院學士贈太子少保東海徐文公神道碑並序》

序云：「開元十七年龍集己巳五月丁酉，薨於長安頒政里之私第……其年冬甲子，與夫人南陽郡夫人合葬於萬年縣之少陵原先塋。」《何考》：「撰碑應在其後。」恐不妥。文應撰於十七年冬。其年冬十月、十二月有甲子日，十一月無甲子日，文當寫於十月甲子前後。

《秋懷》：（感昔芳時換）

《何考》置開元二十五年。《劉注》：「此詩當是九齡任秘書省校書郎時期之作。今繫於景龍四年秋。」按：詩言「東南起歸望，何處是江天。」當作於爲洪州都督期間。

唐開元十八年（公元 730）庚午

五十三歲。

在中散大夫持節都督洪州諸軍事守洪州刺史任。

《戲題春意》：《何考》開元十八年：「詩云：『一作江南守，江林三四春。』疑當作於本年春。」《楊譜》開元十八年：「『三四春』者，當在本年。」從之。

四月，加中大夫

《加中大夫制》：「中散大夫使持節都督洪州諸軍事守洪州刺史上柱國曲江縣開國男張九齡……右可中大夫……開元十八年四月八日」（集本附）。

《何考》：「《新唐書》卷四十六《百官志》云：『正五品上曰中散大夫，從五品下曰中大夫。』蓋加一階也。制云：『慶承大禮，恩賜通班，宜循舊章，便增榮級。』查《舊唐書》卷八《玄宗紀》：『開元十七年十一月庚申，親饗九廟……戊申，車駕還宮，大赦天下。……內外官三品以上加爵一等，四品以下賜一階。』公之加階，當與此有關。」

《洪州進白鹿表》

《何考》：「《南昌府志》卷六十五『祥異』云：『開元十八年，洪州得白鹿，刺史張九齡表獻。』」

《故辰州瀘溪令趙公碣銘》

《何考》開元十八年：「碣云：『有子曰瑝，歷官侍御史、尚書郎、洪州都督。』《元和姓纂》卷七·三十小：『裔孫（趙）全谷，本名鍾，唐金部員外、洪州都督……』此碣年月無徵，集編在《後漢徵君徐君碣銘》之後，疑爲在洪州任內作。」岑仲勉《元和姓纂四校記》：「瑝、鍾字肖，未審何者爲正也。」趙全谷，《郎官石柱題名》作趙金谷。「字體相涉相似而訛。」按：若名作趙金谷，則瑝似應作「鍾」。趙氏應爲張九齡任洪督之前任或後任。銘應寫於開元十八年轉桂州前。

《郡舍南有園畦雜樹聊以永日》

《劉注》繫於開元十七年（728），《何考》開元十八年：「疑當作於洪州。」從「爲郡久無補，越鄉空復深」「江城何寂歷，秋樹亦蕭森。」等語看，此詩作於洪州任當可肯定。但具體作於十七年還是十八年則難定。言「爲郡久無補」，似應在至洪州的後期。繫本年。

《秋夕望月》、《望月懷遠》、《二弟宰邑南海見群雁南飛因成詠以寄》、《高齋閑望言懷》、《郡內閑齋》、《送楊府李功曹》、《送宛句趙少府子卿》、《送楊道士往天台》。

以上諸詩，《何考》繫本年，均疑爲洪州任內作，從之繫本年。

《二弟宰邑南海見群雁南飛因成詠以寄》

　　《劉注》：「何格恩《編年考》繫此詩於開元十五年洪州任上所作。
然據《舊唐書》及《張九皐碑》皆言九皐、九章宰邑南海在九齡移
官桂州之後，事不相合。溫汝適《年譜》云：『神道碑載公知制誥時
累乞歸養，上深勉焉，遷公弟九皐九章官近州里。公集謝二弟移官
就養狀……二弟移官正在知制誥時無疑。』今味此詩意，云『鴻雁
自北來』、『爲我更南飛』，則以何說爲優。姑繫之開元十五年，以俟
續考。」按：《何考》繫此詩開元十八年下，云詩「似當作於洪州任
內。」九齡「二弟」（兩個弟弟）移官就養與「二弟」（第二個弟弟，
指九章）宰邑南海非一回事，此其一。其二，據九齡傳，其轉督桂
州之時，「上又以其弟九章、九皐爲嶺南道刺史。」《廣東通志》卷
四四《張九章傳》謂「始仕南海令。」故九章爲南海令應在九齡轉
督桂州之前。《何考》大致可從。

七月，轉授使持節都督桂州諸軍事、守桂州刺史、充當管經略使、兼嶺南道按察使，攝御史中丞，借紫金魚袋。

　　《轉授桂州刺史兼嶺南按察使制》：「門下：中大夫使持節都督洪州
諸軍事守洪州刺史上柱國曲江縣開國男張九齡，雅有才幹，兼達政
理……宜加優借之寵，更委澄清之任。可使持節都督桂州諸軍事守
桂州刺史，散官勳封如故。仍充當管經略使兼嶺南道按察使，攝御
史中丞，借紫金魚袋。馳驛赴任，主者施行。開元十八年七月三日」
（集本附）。

　　《徐碑》：「徙桂州都督，攝御史中丞嶺南按察兼選補使……澤被膏
雨，令行祥風。」

　　《祭舜廟文》張九齡自稱：「維某月朔日，中（散）大夫使持節都督
桂州諸軍事、守桂州刺史、兼當管經略使嶺南道按察使、攝御史中
丞借紫金魚袋、上柱國、曲江縣開國男張某。」《楊譜》：「新舊兩傳
亦不云兼選補使，或別有命徐氏據之」（從先生修改文字錄入）。

《秋晚登樓望南江入始興郡路》、《自豫章南還江上作》

　　《何考》開元十八年：「以上二詩疑爲由洪州赴桂州任途中作。」按：
《秋晚登樓望南江入始興郡路》詩《劉注》：「此當是開元十五年洪

州任上所作。」何、劉二人繫年似均與詩意不符。此詩應寫於開元四年辭官南還之時（說見上開元四年）。《自豫章南還江上作》當是由洪州調任桂州，自洪往桂途中於江上所作。集附《轉授桂州刺史兼嶺南按察使制》尾署「開元十八年七月三日」，詩應作於此後一兩月內。詩言「歸去南江水，磷磷見底清」，亦深秋景色。《何考》、《劉注》均置開元十八年，從之繫本年。

《祭舜廟文》

「維某月朔日，中散大夫使持節都督桂州諸軍事、守桂州刺史、兼當管經略使嶺南道按察使、攝御史中丞借紫金魚袋、上柱國、曲江縣開國男張某，敢昭告於大舜之靈。」文作於桂州任內，「中散大夫」應爲「中大夫」之誤。因爲張九齡本年四月八日已晉升爲中大夫，七月三日始轉桂州，故不得仍稱「中散大夫」。

《餞王司馬入計同用洲字》

《何考》開元十八年：「詩云：『獨歎湘江水，朝宗向北流。』當作於桂州任內。《唐會要》卷二四『諸侯入朝』云：『開元八年十月，敕諸都督、刺史上佐，每年分番朝集，限十月二十五日到京，十一月一日見。』『十八年十一月敕……揚、益、幽、潞、荊、秦、夏、汴、澧、廣、桂、安十二州爲要州，都督、刺史不在朝集之例。』大抵公守要州，不在朝集之限；故派王司馬入計，其啓程當在十月以前也。」《劉注》：「此詩當是開元五年秋閒居時期之作。何格恩《編年考》繫於開元十五（八之誤）桂州任上所作，誤。蓋詩中云『空思解榻遊』，明言自己是隱居之身，與桂州都督身分不合，今不從其說。」並以王司馬爲韶州司馬王某。按：九齡詩云：「元僚行上計」，「元僚」言王司馬是自己同僚中最大的官；「忽望題輿遠，空思解榻遊。」「題輿」，用謝氏《後漢書》「周景辟陳蕃爲別駕，不就；景題別駕輿曰：『陳仲舉坐。』不復更辟。陳蕃起視職。」言自己如周景誠辟王司馬爲上佐；「解榻」，用《後漢書・徐穉傳》：陳蕃爲守，禮請徐穉爲郡功曹，徐穉既謁而退。蕃在郡，不接賓客，唯徐穉來，特設一榻；去則懸之。用陳蕃懸榻以待徐穉故事，言自己待王司馬如徐穉。從這裏可以看出，九齡其時並非是隱居之身，而恰恰相反，是太守口氣。何氏據本詩「獨歎湘江水，朝宗向北流。」

斷其「當作於桂州任內。」極是。《楊考》:「本集卷四《東湖臨泛餞王司馬》……同卷《餞王司馬入計同用洲字》……二詩皆送王(司馬)入計時作。」誤。

《送使廣州》

詩云:「家在湘源住,君今海嶠行。經過中正道,相送倍爲情。」本年十二月戊申,尚書右丞相、燕國公張說薨(《舊紀》)。

唐開元十九年(公元731)辛未

五十四歲。

在中大夫使持節都督桂州諸軍事守桂州刺史、充當管經略使兼嶺南道按察使、攝御史中丞任。

任內,年初出巡

《巡按自漓水南行》

《何考》開元十九年:「此詩當作於桂州任內,在三月七日改秘書少監以前。」從之。

《西江夜行》

《劉注》置開元十八年,并言「明是離鄉口吻而非還鄉情調。」非。《何考》開元十九年:「詩云:『悠悠天宇曠,切切故鄉情……念歸林葉換,愁坐露華生。』大抵公此次南行,由漓水南行入西江,經廣州而至始興,會改秘書少監,沿途所見,均春初景色也。」從之。

為五嶺按察使期間,有錄事參軍誣告其非法行政,朝廷令大理評事某人前往按驗,無實。

《舊書·趙涓傳附子博宣傳》:「裴澥獨留,奏曰:『……臣聞開元中張九齡爲五嶺按察使,有錄事參軍告齡非法,朝廷止令大理評事往按。』」事又見《冊府元龜》卷一百,《唐會要》卷五十九。

《酬周判官巡至始興改秘書少監見貽之作,兼呈耿廣州》

詩云:「忽捧天書委,將革海隅弊。朝聞循誠節,夕飲蒙瘴癘。義疾恥無勇,盜憎攻亦銳。葵藿是傾心,豺狼何反噬。履險甘所受,勞賢悉相曳。攬轡但荒服,循陔便私第。嘉慶始獲申,恩華復相繼。

無庸我先舉，同事君猶滯。當推奉使績，且結拜親契。更延懷安旨，曾是慮危際。善謀雖若茲，至理焉可替。所仗有神道，況承明主惠。」據此，張九齡嶺南被誣，當有其事。

三月，召為守秘書少監兼集賢院學士、副知院事

《守秘書少監制》：「門下：中大夫使持節都督桂州諸軍事守桂州刺史充當管經略使兼嶺南道按察使，攝御史中丞，借紫金魚袋上柱國曲江縣開國男張九齡……可守秘書少監兼集賢院學士、副知院事，散官勳封如故。開元十九年三月七日」（集本附）。

《徐碑》：「徙桂州都督、攝御史中丞、嶺南按察兼選補使。黜免貪吏，引伸正人，任良登能，亮賢勞事，澤被膏雨，令行祥風。屬燕公薨落，斯文將喪，擢秘書少監、集賢院學士、副知院事。」

《舊傳》：「俄轉桂州都督，仍充嶺南道按察使。上又以其弟九章、九皋為嶺南道刺史，令歲時伏臘，皆得寧覲。初，張說知集賢院事，常薦九齡勘為學士，以備顧問。說卒，後上思其言，召拜九齡為秘書少監、集賢院學士、副知院事。」

《新傳》：「始說知集賢院，嘗薦九齡可備顧問。說卒，天子思其言，召為秘書少監、集賢院學士、知院事。」《新傳》作「知院事」，恐應從碑與舊傳作「副知院事」。

本年接《守秘書少監制》後，在桂州與廣州都督府判官周子諒唱和，有《酬周判官巡至始興改秘書少監見貽之作，兼呈耿廣州》、《送廣州周判官》二詩。

《送廣州周判官》

詩云：「海郡雄蠻落，津亭壯越臺……觀風猶未盡，早晚使車回。」當作於嶺南按察使任內。周判官，嶺南按察使判官周子諒。九齡《荊州謝上表》：「臣往年按察嶺表，便道赴使，訪聞周子諒久經推覆，遽即奏充判官。」《舊書》九齡本傳：「初，九齡為相，薦長安尉周子諒為監察御史。至是，子諒以妄陳休咎，上親加詰問，令於朝決殺之。九齡坐引非其人，左遷荊州大都督府長史。」

《酬周見官巡至始興會改秘書少監見貽之作，兼呈耿廣州》

耿廣州：廣州都督耿仁忠。《新書》卷四三上：「勤州雲浮郡……開

元十八年，平春、瀧等州，首領陳行範餘黨保銅陵北山，廣州都督耿仁忠奏復置州，治富林洞。」《廣州通志》卷二六「都督：……耿仁忠，開元十七年任。」「會改秘書少監」，指九齡，九齡開元十九年三月由桂州都督召爲秘書少監。據此，耿仁忠十九年仍在廣州都督任，《刺史考》不記。此詩當作於本年三月七日後不久。

《祭張燕公文》

文云：「維年月朔日，族子秘書少監、集賢院學士某，謹以清酌少牢之奠，敢昭告於燕國公之靈。」《何考》：「公於三月七日改秘書少監，此文最早當撰於四月朔日。」從之。

《賀祈雨有應狀》

《何考》開元十九年：「狀云：『緣秋稼有望，時雨暫僽……』」查《元龜》卷二十六《帝王部·感應》：『十九年七月甲戌，以久旱帝親禱於興慶池，翌日大雨。』狀疑上於本年秋。」按：《元龜》卷二十六，本年自春即旱，玄宗曾兩次親禱興慶龍池，除《何考》所引者外，還一次在五月壬申，「京師旱，帝親禱興慶池，是夜大雨。」九齡狀云：「昨日申酉之間，雲物果應……遂使炎埃宿潤，虐暑暫清。」「申酉之間」，約當北京時間下午五至七點，與「是夜大雨」符；本月戊申朔，「壬申」爲 5 月 25 日（西曆 7 月 4 日），正值盛暑，與「遂使炎埃宿潤，虐暑暫清」符。故我以爲本文當是夏五月作，「秋稼有望」，非處秋間明也。

《餞陳學士還江南同用徵字》

《何考》：「《新唐書》卷二二三上《奸臣·陳希烈傳》云：『十九年爲集賢院學士，進工部侍郎知院事。』《元和姓纂》十七眞云：『開元左相太子太師陳希烈，世居均州。』疑即其人。詩云：『荷筱旋江澳，銜杯餞霸陵。』必爲公在京時所作，暫排於本年內，以俟續考。」《劉注》：「錄以備考。」彭慶生注：「疑即陳兼。吳興長城（今浙江長興）人，開元中爲翰林學士，事見李肇《翰林志》、《新唐書·陳京傳》」（《增訂注釋全唐詩》，遼海出版社）。按：據《新傳》，陳希烈「尤深黃老，工文章。」九齡以「荷筱」丈人相擬，一是以學，一是以年。陳希烈至德中賜死，年八十餘。開元十九年，亦年近六十，應長於九齡。《玉海》卷二六引《集賢注記》：「開元十九年三月，

令學士陳希烈、王回質、康子元、馮朝隱等於三殿侍講。」《玉海》卷二六引《集賢注記》:「開元十九年三月,令學士陳希烈、王回質、康子元、馮朝隱等於三殿侍講。」而《翰林志》言:「又有韓翃、閻伯璵、孟匡朝、陳兼、李白、蔣鎮,在舊翰林院雖有其名,不職其事。」陳兼在翰林「不職其事」,非如陳希烈侍講;且這些人均與九齡無交,不應只陳兼一人與之交。似應以何氏所疑爲是。

《送別鄉人南還》

《英華》「別」字前有「送」字。詩言「聞君去水宿」,則南還者爲鄉人而非自己,詩爲送別鄉人之作。《英華》題與詩意較合,從補。詩應作於開元十九年(七三一)後。《何考》繫開元十五年,言「疑爲出守洪州前作。」《劉注》:「此詩疑爲任左拾遺時所作。姑繫於開元元年。」按:詩云:「桑榆北地陰,何言榮落異。」「桑榆」,隱自己已入晚景;「北地」,謂地在京城;「陰」者,謂年之將盡。「榮落異」,指己榮彼落兩不同。故詩應作於九齡在京任較高職位以後,暫繫開元十九年。

《侍中兼吏部尙書裴公畫贊並序》

此裴公爲裴光庭。《舊紀》:開元十八年「四月乙丑,(侍中)裴光庭兼吏部尚書。」二十一年三月,裴光庭薨。文當寫於此間。暫繫本年。

唐開元二十年 (公元 732) 壬申

五十五歲。

在中大夫守秘書少監兼集賢院學士、副知院事任。

二月,賜紫

《賜紫制》:「門下:中大夫守秘書少監、集賢院學士、副知院事上柱國曲江縣開國男張九齡,先任桂州都督,借紫金魚袋,宜前件賜紫。開元二十年二月二十日」(集本附)。

《謝賜章級狀》

《何考》:「《曲江集》照錄《賜紫敕》所繫之年月爲開元二十年二月二十日。此狀云:『伏奉去月三十日敕。』則二十當爲『三十』之誤;狀當上於三月。」按:從狀上於下月這一點看,當以「三十」爲誤,

因爲敕下之第二天就是下月，何氏所斷有理。

《龍門旬宴得月字韻》

　　《何考》：「《顏魯公集》卷十四《通議大夫守太子賓客東都副留守雲騎尉贈尚書右僕射博陵崔孝公宅陋室銘記》云：『二十年春奉敕撰龍門公宴詩序，賜絹百匹，延入集賢院修老子道德經疏，行天下。』曲江公撰詩當在本年春。」按：《元龜》卷一百十「帝王部‧宴享」第二：開元「十八年三月，命侍臣及百僚每旬暇日，尋勝地宴樂，仍賜錢令所司供帳造食」（《舊書‧玄宗紀》同）。《曲江集》中預「旬宴」諸詩，當在自桂州進京後作。

《上陽水窗旬宴得移字韻》

　　《何考》：「《舊唐書》卷八《玄宗紀》：『開元二十年夏四月乙亥宴百僚於上陽東州。』《文苑英華》卷一六八有孫逖《奉和四月三日上陽水窗賜宴應制得春字》云：『今日逢初夏，歡遊續舊旬。』公詩亦當作於此時。」

《天津橋東旬宴得歌字韻》

　　《何考》：「詩云：『朝來逢宴喜，春盡卻妍和。』似亦夏初之作。《舊唐書》卷八《玄宗紀》：『開元二十年夏四月癸巳改造天津橋，毀皇津橋，合爲一橋。』旬宴疑在其前。」

《敕處分宴朔方將士》

　　此事在開元二十年。《舊紀》：開元二十年「三月，信安王禕與幽州長史趙含章大破奚、契丹於幽州之北山。」五月「戊辰，信安王獻奚、契丹之俘，上御應天門受之。六月丁丑……副大使信安王禕加開府儀同三司。」《舊書》卷七六本傳：「玄宗遣忠王爲河北道行軍元帥，以討奚及契丹兩蕃，以禕爲副。王既不行，禕率户部侍郎裴耀卿等諸副將分統兵出於范陽之北，大破兩蕃之眾，擒其酋長，餘黨竄入山谷。軍還，禕以功加開府儀同三司」（《通鑒》二一三略同）。但《冊府》卷一三三卻記：開元「十年十一月丙申，朔方郡節度使、兵部尚書信安郡王禕破突厥凱旋，引將士等見帝，置酒享之。敕曰：禕總戎朔垂，經略萬里……各宜坐飲，相與盡歡。」本條時間及言破突厥事均誤，但所記敕文與《敕處分宴朔方將士》同，不知何故。另，《冊府》卷十二：「玄宗開元二十年三月，信安王禕及幽州長史

趙含章大破奚及契丹於幽州之北，敕曰：誅有罪，討不庭……宜令所司擇日發使告享諸陵廟。」事同《紀》等，而敕文卻又不同，吾意，當為同時所發之兩敕。《敕處分宴朔方將士》明言「因其凱旋，聊加宴樂」，則發佈在其凱旋歸來之後明矣。日池田溫《唐代詔敕目錄》置此敕開元二十四年，不知何據。時九齡似已經參與制誥。

年中，轉守工部侍郎兼集賢院學士、副知院事

《轉工部侍郎制》：「門下：中大夫守秘書少監、集賢院學士仍副知院事上柱國曲江縣開國男賜紫金魚袋張九齡識茂而遠，體正而清，行兼純一，詞會風雅……秘室屬書，甫流微婉之譽；公車待詔，稔聞忠讜之言。更著論於會府，仍獻納於高門。可守尚書工部侍郎，餘如故。主者旅行。開元二十年□月三日」（集本附）。

《謝工部侍郎集賢院學士狀》

狀曰：「伏奉今月三日制，除臣工部侍郎兼集賢院學士。」文當作於轉工侍本月。由於制文當月之字佚，謝狀只言「今月」，唐史也沒有相應的記載，所以，嚴耕望《唐僕尚丞郎表》注：「三月至七月間某月三日由秘書少監、集賢學士副知院事遷工侍，仍集賢學士副知院，時階中大夫」（中華，一冊255頁）。

《舊書・張說傳》：說卒，「太常諡議曰『文貞』，左司郎中陽伯誠駁議以為不稱。工部侍郎張九齡立議依太常為定，紛紜未決。玄宗為說自製神道碑文，御筆賜諡曰『文貞』，由是方定。」張說卒開元十八年冬十二月；「太常議行，諡曰文貞。二十年，秋八月甲申，遷窆於萬安山之陽」（九齡《張說墓誌銘》）。且九齡本年八月二十日即知制誥。故其為工侍嚴氏定在三至七月，是。

《賀侍講偏賜衣服狀》

《何考》開元二十一年：「狀云：『右：高力士宣稱，陛下親講讀《毛詩》，偏賜侍講陳希烈三品兼衣服等。』按《曲江集》附錄《加檢校中書侍郎制》稱：『朝散大夫中書舍人集賢院學士侍講陳希烈……可檢校工部侍郎如故。』狀疑在本年五月廿七日以前。」所疑甚是，但前至何時，何氏未及。且繫二十一年，愚以為當在遷工侍後，知制誥前。故移置開元二十年八月前。

八月，以工部侍郎知制誥

《知制誥敕》：「敕中大夫守尚書工部侍郎、集賢院學士仍副知院事上柱國曲江縣開國男賜紫金魚袋張九齡宜知制誥。開元二十年八月二十日」（集本附）。

《敕渤海王大武藝書》（卿於昆弟之間）

渤海王大武藝：高麗別種渤海靺鞨國王大祚榮之子。「開元七年，祚榮死，玄宗遣使弔祭，乃冊立其嫡子貴婁郡王大武藝襲父爲左驍衛大將軍、渤海郡王、忽汗州都督」（《舊唐書》卷一百九十九下）。《冊府》卷九六七於「忽汗州都督」下，還列「九姓燕然都督」一職。九齡《曲江集》共存與大武藝敕書四則，並見《英華》卷四七一。《何考》引《舊書》卷八：開元二十年九月「渤海靺鞨寇登州，殺刺史韋俊。命左領軍將軍蓋福順發兵討之。」言：「此書當爲唐與渤海之最後通牒，似應在本年九月以前。徐碑云：『……王武藝，違我王命，思絕其詞。中書奏章，不愜上意，命公發作，援筆立成，上甚嘉焉。即拜尚書工部侍郎兼知制誥。』按公知制誥在八月二十日，則草敕時正中秋時節，不可言秋冷。疑擬稿在知制誥之前，而發敕則在其後也。」從之。

《徐碑》：「渤海王武藝違我王命，思絕其詞。中書奏章不愜上意，命公改作，援筆立成，上甚嘉焉，即拜尚書工部侍郎，兼知制誥。」

《新傳》：「會賜渤海詔而書命無足爲者，乃詔九齡爲之。被詔趣成，遷工部侍郎知制誥。」

《謝知制誥狀》

《知制誥敕》爲本年八月二十日下，謝狀當寫於二十日後。

秋間，在京與吏部侍郎李林甫唱和，有《和吏部李侍郎見示秋夜望月憶諸侍郎之什，其卒章有前後行之戲，因命僕繼作》

吏部李侍郎，吏部侍郎李林甫。李詩原附此詩前，題《和秋夜望月憶韓、席等諸侍郎因以投贈》。韓、席：韓朝宗與席豫。時朝宗爲吏部侍郎，席豫爲戶部侍郎（均見嚴耕望《唐僕尚丞郎表》）。李詩云：「秋天碧雲夜，明月懸東方。皓皓庭際色，稍稍林下光。桂華澄遠近，璧采散池塘。鴻鳳飛難度，關山曲易長。揆予秉孤直，虛薄忝文章。據鏡慚先照，持衡愧後行。多才眾君子，載筆賈辭場。作賦

推潘岳，題詩許謝康。當時陪宴語，今夕恨相忘。願欲接高論，清晨朝建章。」嚴耕望《唐僕尚丞郎表》置李林甫開元二十年至二十一年，注云：「是年或上年由刑侍遷。」九齡任秘書少監在開元十九年三月七日，轉工部侍郎在二十年中（其《轉工部侍郎制》月份佚），八月二十日，即以工侍知制誥（集附《守秘書少監制》、《知制誥制》）。《何考》與《劉注》繫此詩十九年，非。從《編年史》、《彭注》繫開元二十年秋。

《授盧絢裴寬御史中丞制》

　　《何考》：「《冊府元龜》卷一六二《帝王·命使二》云：『開元二十二年二月丁亥初置十道採訪處置使，命御史中丞盧絢爲都畿採訪使，御史中丞裴寬爲京畿採訪使。』《唐會要》卷六十「御史中丞」條云：『開元二十一年有制以賦餘修百司廨宇。西臺中丞裴寬以舊監察創置中丞廳。東臺中丞亦同廳。……開元二十二年三月置京畿採訪使，以中丞爲之，自是不改。』此制必撰於開元二十一年以前。大抵當時東臺中丞爲盧絢，西臺中丞爲裴寬，至二十二年二月初置採訪使，即以二人分領都畿及京畿採訪使……查《通鑑》卷二一三：『開元二十年冬十月壬午，上發東都。十二月辛未還西京。』公於二十年八月二十日始知制誥，此制當於二十年八月二十日以後，十月壬午以前。」所考良是，從之。

《謝兩弟移官就養狀》

　　狀云：「臣山藪陋材，豈堪國用，日月私照，謬掌綸言。」《何考》據此置開元二十年，謂「知制誥時事無疑。」按：狀當上於本年八月知制誥後，暫置本年。

十月，從明皇北都巡狩，與侍中裴光庭唱和，作《和裴侍中承恩拜掃旋轡途中有懷寄州縣官僚鄉園故親》

　　裴侍中：侍中裴光庭。《舊紀》：開元「十八年春正月辛卯，黃門侍郎裴光庭爲侍中，依舊兼御史大夫。」開元二十一年「三月乙巳，侍中裴光庭薨。」從「扈巡過晉北，問俗到河東。」句看，此詩應是侍從明皇北巡時作。在裴光庭任侍中期間，玄宗於開元二十年十月丙申北巡，辛卯，至潞州之飛龍宮。辛丑，至北都。十一月庚午，祀后土於睢上。壬申，回京（時日與《通鑑》有出入）。《何考》開

元二十年云：「裴光庭爲絳州聞喜人，其承恩拜掃疑在十月間。」《劉注》從其說，是。

草《后土赦書》，對御爲文，凡十三紙，一氣呵成，玄宗嘉之，謂有王佐之才

《徐碑》云：「扈從北巡，便祠后土，命公撰赦。對御爲文，凡十三紙，初無稿草。上曰：『比以卿爲儒學之士，不知有王佐之才；今日得卿，當以經術濟朕。』」《舊紀》：開元二十年「十一月庚午（《通鑑》作壬申），祀后土於脽上。」文當作於十一月壬申前後。

《新紀》：開元二十年「十一月辛丑，如北都……庚申，如汾陰，祀后土，大赦」（《會要》卷十上引同）。《舊紀》、《冊府》八五記祀后土於脽上，大赦天下均作「十一月庚午」，據陳垣表，本年十一月庚子朔，無庚午日；庚申爲本年十一月二十一日，庚午爲十二月一日，赦文中云赦限爲「開元二十年十一月二十一日昧爽以前」，故作「庚午」誤。集載赦文有節略，全文見《大詔令集》卷六六、《英華》四二四、《冊府》卷八五。

《敕渤海王大武藝書》

《何考》云：「公知制誥在八月二十日，則草敕時正中秋時節，不可言秋冷。疑擬稿在知制誥之前，而發敕則在其後也。」從之。

《故開府儀同三司行尚書左丞相燕國公贈太師張公墓誌銘並序》

《何考》：「誌云：『二十年，秋八甲申，遷窆於萬安山之陽，燕國夫人元氏祔焉。』撰誌當在其前。」從之。

《敕護密國王書》

此書有二，其一：敕言：「朕知卿忠赤，能保國境，所以前加禮命，用叶蕃情。」「前加禮命」，指朝廷封眞檀爲護密王事。《元龜》卷九六四「外臣部・封冊二」：開元二十年「九月，護密國王發卒，封其弟護眞檀爲護密國王。」此敕當是護密國王眞檀即位後，朝廷爲安撫其眾所敕之書。敕言「冬末甚寒」，當作於開元二十年十二月。《何考》謂撰於開元二十一年九月眞檀來朝回蕃之後，「當在本年十二月底。」恐非。九齡二十一年十二月，還在家丁艱。玄宗強行奪情起復，在十二月十四日，次年正月二十七日始還朝理政。敕既言「冬末甚寒」，斷非二十一年冬末明矣。故不取何說。

唐開元二十一年（公元 733）癸酉

五十六歲。

在中大夫守尚書工部侍郎、集賢院學士、副知院事兼知制誥任。

春正月庚子朔，制令士庶家藏《老子》一本，每年貢舉人量減《尚書》、《論語》兩條策，加《老子》策（《舊紀》、《大詔令》卷八六《歲初處分德音》）。九齡作《敕歲初處分》。

> 《敕》云：「朕自有天下，二紀及茲……今獻歲之吉，迎氣伊始，敬順天常，無違月令……其老子《道德經》，宜令士庶家藏一本，仍勸習讀，使知指要。每年貢舉人，量減《尚書》、《論語》一兩道策，準數加《老子》策，俾敦崇道本，附益化源。」《何考》開元二十一年：「《文苑英華》卷四四〇作《歲初處分德音》，並著二十一年正月一日。《唐大詔令》卷八六亦同。《舊唐書》卷八《玄宗紀》：『開元二十一年春正月庚子朔，制令士庶家藏老子一本。每年貢舉人量減《尚書》、《論語》兩條策，加老子策。』與此敕所言，正相符也。」
>
> 按：《英華》中華本、四庫本《歲初處分德音》後所署年月均爲「開元二十二年正月一日」，而《冊府》卷五三記此事又作「（開元）二十年正月」（《玉海》卷二八所引《冊府》同），此從《舊紀》與《大詔令》繫二十一年。

《賀衢州進占銅器表》

> 《玉海》卷一九九云：「開元二十一年二月，衢州獲魚有銘，獻之，侍中裴光庭等奉賀曰：『魚龍爲圖，河洛所出，比之盛時，彼何足云！』張九齡《賀瑞魚銘》曰：『魚爲龍象，既彰受命之元；銘作久文，更表錫年之水。』」（《天中記五六》同）事又見《冊府》卷二四、《御覽》卷九三五。表當上於此時。九齡文似又題作《賀瑞魚銘》。

《授皇甫翼等加階制》

> 按：制不見《曲江集》，而《文苑英華》卷四百十七「加階」作「張九齡」撰。制云：「門下：朝請大夫檢校尚書左丞上柱國皇甫翼等才有國良，望爲時重，或紀綱會府，成司直之名；或彌綸列曹，得在公之譽。屬禮崇齋祭，慶洽衣冠宜加等級之恩，用廣殊常之賜，可依前件。」《何考》：「《冊府元龜》卷一六二《帝王・命使二》：『開

元二十一年二月，以檢校尚書右僕射皇甫翼充河南淮南道宣慰使。』此制稱『朝請大夫檢校尚書左丞上柱國皇甫翼等』，當在充使以前。制又云：『屬禮崇齋祭，慶洽衣冠宜加等級之恩，用廣殊常之賜。』而去年十一月廿一日后土赦書有內外文武官加一階之語，或因此而推恩也。」

《大唐金紫光祿大夫行侍中兼吏部尚書弘文館學士贈太師正平忠憲公裴公碑銘並序》

「二十有一年，春三月癸卯，遘疾薨於京師平康里之私第，春秋五十八。……丁未，有詔贈太師，諡曰：「忠憲」。使某官某監護喪事，以某月日，葬我忠憲公於聞喜之舊塋，禮也。」《何考》：「公之奉敕撰碑，當在追贈以後，歸葬以前。」

《除韓休黃門侍郎平章事制》

「敕：思致雍熙，聿求元輔，久勞夢寐，延彼周行。太中大夫守尚書右丞上柱國韓休，蘊道弘深，秉德經遠，清裁可以範物，素行可以律人。一自登朝，備聞體國，志存公亮，誠著始終，而羽翼朕躬，金玉王度，人望是在，朝選無逾。宜拜命於郎闈，俾兼和於鼎實，可守黃門侍郎同中書門下平章事。開元二十一年三月」文見《英華》卷四四八、《大詔令》卷四五，《曲江集》失收，《冊府》卷七二錄此制有冊節。《舊紀》：開元二十一年「三月甲寅，尚書右丞韓休爲黃門侍郎同中書門下平章事」（《新紀》同）。制當撰於甲寅前。四庫本《大詔令》作「二十二年三月」，學林本作「二十一年二月」，均誤。

《敕薛泰書》

敕言及降奚「相率種落，一時叛亡」之事，據此，敕書當作於開元十八年夏五月可突干殺其王邵固，率部落並脅奚眾降於突厥之後。又《舊書·王忠嗣傳》：開元「二十一年，再轉左國衛郎將、河西討擊副使……兼檢校代州刺史。嘗短皇甫惟明，義弟王昱憾焉，遂爲所陷，貶東陽府左果毅。」敕言薛泰應與紀思誨、王忠嗣等「計會進討」，則當作於忠嗣貶東陽之前。敕應作於禮部尚書信安郡王李禕率兵討奚契丹班師之後，張守珪出師之前一段時間，《何考》疑作於開元二十一年春間，從之。

閏三月，加正議大夫。

《加正議大夫制》：「門下：中大夫守尚書工部侍郎、集賢院學士（副知院事）兼知制誥上柱國曲江縣開國男賜紫金魚袋張九齡……昨汾陰展禮，南面覃恩；進等升榮，抑惟常序。可正議大夫行本官，餘如故。主者施行。開元二十一年閏三月八日」（集本附）。

《敕處分十道朝集使》（朕臨天下二十餘載）

中華本《大詔令集》卷一百四作《處分朝集使敕五道》，其第三道文末注：「開元二十一年閏三月一日。」《英華》卷四百六十錄文末注同此。

《敕處分十道朝集使》（信賞以勸能）

《大詔令集》卷一百四、《英華》卷四百六十錄文末同注：「開元二十一年。」無月日。《何考》：「敕云：『今甘澤以時，農桑為重，不急之務，先已勒停，宜更申明，勿妨春事。』當撰於本年春間。」是。

《敕處分朝集使》

《大詔令集》卷一百四、《英華》卷四百六十錄文末同注：「開元二十一年四月一日。」

《諸王實封制》

此事在開元二十一年。《舊紀》：開元二十一年夏四月「丁酉，寧王憲為太尉、薛王業為司徒、慶王潭為太子太師、忠王浚為開府儀同三司、棣王洽為太子少傅、鄂王涓為太子太保。」《會要》卷九十「食實封數」：「寧王憲、薛王業、慶王潭、忠王亨（浚）、棣王洽、鄂王清（涓）各二千户，開元二十一年四月一日敕。」本年四月丁酉朔，諸王賜實封制似同時下。

《賀雨狀》

《舊紀》：開元二十一年「夏四月，丁巳，以久旱，命太子少保陸象先、户部尚書杜暹等七人往諸道宣慰賑給。」《狀》云：「伏以自春降澤，粟麥已滋；首夏再旬，時雨稍晚。陛下念深萬姓，恩覃庶獄，將有事山川，用達精意。得音才發，甘霖滂沱……臣等忝居近侍……謹奉狀陳賀以聞。」狀當作於本年四月丁巳（21日）後數日。《何考》據《元龜》卷二六《帝王部·感應》：「二十年六月，以久旱，令河南

─ 105 ─

尹李適之祭嶽瀆祈雨，是日澍雨。」將此文繫二十四年，不從。

《敕皇太子納妃》

事在開元二十一年五月。《舊書》卷八：「五月甲申，皇太子納妃薛氏，制天下死罪降從流，流以下釋放，文武官賜勳一轉」《新紀》略同，甲申作戊子。《元龜》卷八○、卷八五並作：「二十一年五月戊子」，《大詔令集》三十一、《英華》四百四十錄此敕，尾署均為「開元二十一年五月二十一日」，本年五月丁卯朔，戊子為二十一日，《舊紀》作「甲申」似誤。

五月二十七日，加檢校中書侍郎

《加檢校中書侍郎制》：「門下：良才敏學，允屬疇庸；西掖中臺，舊難其選。正議大夫守尚書工部侍郎、集賢院學士仍副知院事（兼知制誥）上柱國曲江縣開國男賜紫金魚袋張九齡……可檢校中書侍郎……開元二十一年五月二十七日」（集本附）。

《謝中書侍郎狀》

狀云：「拜命之日，伏用慚惶，不勝戰荷之至！」當上於五月二十七日拜命之後。

《敕河東節度副使王忠嗣書》

王忠嗣為代刺在開元二十一年（郁賢皓《唐刺史考》）。據敕，王忠嗣開元二十一年既兼代州都督，則其時必為河東節度副使無疑。舊傳言代州都督是為河西討擊副使時兼，誤。敕言：「知卿遠經賊境，晝夜勤勞，雖不遇凶徒，亦備盡誠效。頃屬時暑，士馬遠來，行李之間，固應疲頓」，「夏中極熱」，則此敕應是王忠嗣由河西討擊副使轉河東節度副使兼代州都督，從河西至河東後不久作，當作於開元二十一年五、六月間。

《敕清夷軍使虞靈章書》

清夷軍，軍鎮名。垂拱二年，嬀州刺史鄭崇述奏於郡城內置。管兵約萬人，馬三百匹（《通典》百七二、《會要》七八）。虞靈章，唐將領名，史佚其名。《舊書》卷一九九下：開元「十八年，奚眾為契丹衙官可突於（干）所脅，復叛降突厥……其秋，幽州長史趙含章發清夷軍兵擊奚，破之。自是，奚眾稍歸降。」其時九齡尚在桂州，不可能草此敕。《舊紀》：開元「二十年三月，信安王禕與幽州長史

趙含章大破奚契丹於幽州之北。」「五月戊辰，信安王獻奚契丹之俘。」《何考》據此置開元二十年，云：「疑在本年六月底。」按：九齡開元二十年八月二十日始知制誥，書云：「夏末甚熱」，故書最早也只能是作於二十一年夏六月。

《賀雨晴狀》

《何考》：「《御批》云：『雨以救旱，忽至秋霖。』《通鑑》卷二一三云：『開元二十一年九月關中久雨。』此狀疑上於本年秋。」按：《新書》卷三四《五行志》：亦記開元十六年九月，「關中久雨害稼。」但九齡時在外任，與狀言「徒忝近密」不符。《舊紀》與《冊府》卷一百五開元二十一年均言及「是歲關中久雨害稼，京師饑。詔出太倉米二百萬石給之。」何氏置二十一年秋，近之。

《敕張守珪書》（漁陽平盧）

張守珪，唐邊鎮著名將領。以軍功官至輔國大將軍、右羽林大將軍、御史大夫兼河北節度副大使，俄又加河北採訪處置使。後因居部將烏知義敗狀等罪，貶括州刺史，卒。兩唐書有傳。張守珪開元二十一年始任幽州長史兼御史中丞、營州都督、河北節度副大使。始任於何月，史不載。不過，其前任為薛楚玉。開元二十一年春，薛楚玉遣幽州道副總管郭英傑等討契丹，兵敗，英傑被殺。事在本年閏三月，其去職應在此後不久；也就是說，張守珪出任幽州長史，當在薛楚玉去職之同時或稍後，約在開元二十一年閏三月或夏間。從「朕所以雅仗才識，誠思遠圖；既膺此舉，當成本志」之語氣看，此敕應是張守珪至幽州任後不久所賜。據「秋氣已冷」之節令，應為二十一年八月前後。《何考》亦疑作於本年秋末。《曲江集》中收敕張守珪書共八則（八卷三，九五卷），此文為第一篇。又，最近又有人於《永樂大典》發現二則敕張守珪之佚文（見《勵耘學刊》文學卷，二〇一〇年第二輯，李小龍《永樂大典所收張九齡佚文考》）。

《唐右監門衛上將軍黎景仁碑》、《唐宣議郎王巳墓誌》

二碑《寶刻叢編》卷七「陝西永興軍路一・京兆府上・長安縣」引《京兆金石錄》並作「唐張九齡撰」，一為崔庭玉書，一為崔庭玉行書，並立於開元二十一年。亦應撰於本年奔喪之前。

年中母喪，丁憂歸里。十二月，卒哭，起復中書侍郎同中書門下平章事兼修國史。

> 《起復拜相制》：「門下：風雲之感，必生賢（《冊府》作王）佐；廊廟之任，爰在柱臣……正議大夫前檢校中書侍郎、集賢院學士仍副知院事上柱國曲江縣開國男賜紫金魚袋張九齡挺生人之秀，器識通明；並風望素高，人倫是仰……九齡可起復中書侍郎同中書門下平章事、兼修國史，餘如故。主者施行。開元二十一年十二月十四日」
> （集本附，《冊府》卷七二有略）。

《讓起復中書侍郎同平章事表》

> 表曰：「草土臣言：伏奉去年十二月十四日制復臣中書侍郎同平章事。」

> 《徐碑》：「遷中書侍郎。丁內憂，中使慰問，賜絹三百疋，奔喪南歸，祔葬先塋，毀無圖生，咽不容粒。白雀黃犬，號噪庭塋；素鳩紫芝，巢植盧隴。孝之至者，將有感乎！既卒哭，復遣中使起公本官同中書門下平章事。口敕敦諭，不許為辭。聞命號咷，使者逼迫，及至闕下，懇請（終）喪，手詔有曰：『不有至孝，誰能盡忠？……朕以非常用賢，曷云常禮？哀訴即宜斷。』表賜甲第一區，御馬一疋。」

> 《新傳》：「遷中書侍郎，以母喪解毀不勝哀，有紫芝產坐側，白鳩白雀巢家樹。是歲奪哀，拜中書侍郎同中書門下平章事，固辭，不許。」

> 《舊傳》：「丁母喪，歸鄉里。二十一年十二月，起復拜中書侍郎同中書門下平章事。」

> 《舊紀》：二十一年「十二月丁未……前中書侍郎張九齡起復舊官並同中書門下平章事」（《新紀》略同）。

> 卒哭，古代喪禮，百日祭後，止無時之哭為朝夕一哭，名之為卒哭。由十二月十四日上推百日，九齡丁艱約在八月底九月初。

唐開元二十二年（公元 734）甲戌

五十七歲。

在正議大夫中書侍郎同中書門下平章事兼修國史任。

正月，自韶州入見玄宗，求終喪，不許

《讓起復中書侍郎同平章事表》：「開元二十二年正月二十七日，草土臣張九齡上表。」

《何考》：「《通鑑》卷二一四《唐紀》三十：『開元二十二年春正月己巳上發西京，己丑至東都。張九齡自韶州入見，求終喪，不許。』查正月己巳為初七，己丑為二十七，公上表之日，正玄宗抵東都之時也。然去年十二月十四日下制起復，至本年正月二十七日，相距僅四十餘日。由韶至闕，路程頗遙，或疑其不可能。但御批既云：『比日行在，佇卿促轡；今既至止，無勞固辭。』則當時玄宗實在東都也。據新舊唐書地理志，自韶州至東都，不過四千一百四十二里。加以中使催促，兼程就道，無疑其速也。」

《讓賜宅狀》

「去正月二十六日，中使李仁智宣口敕，賜臣前件，宅仍令官修、及什物一事已上。自奉恩命，夙夜憂惕，既慚虛受，載懼滿盈。臣生身蓬華，所居淺陋，釁屬苴麻，豈圖弘敞？……伏乞賜寢前命，俯垂矜察，納臣誠情，免臣罪戾。其宅及什物，望並卻令官收，無任荒懼之至！」「自奉恩命」，指承恩奪情起復；「釁屬苴麻」謂仍在居喪期間。此狀當為九齡本年正月至京後所上。《何考》開元二十二年：「狀當上於二月間。」從之。

二月十九日，奏置十道採訪使及朝集使，擬《敕置十道使》、《敕授十道使》制書

《舊唐書》卷八：開元二十二年二月「辛亥，初置十道採訪處置使」（《新紀》略同）。《舊唐書》卷九九：「九齡在相位時，建議復置十道採訪使。」

《元龜》卷一六二：開元二十二年二月「辛亥，初置十道採訪處置使。命御史中丞盧絢為都畿採訪使，御史中丞裴曠為京畿採訪使，國子祭酒汴州刺史嗣魯王道堅為河南道採訪使，華州刺史李尚隱為關內道採訪使，太原尹崔隱甫為河東道採訪使，禮部侍郎兼魏州刺史宋瑤為河北道採訪使，太常卿廣州刺史嶺南經略使李朝隱為嶺南道採訪使，揚州長史韋盧心為淮南道採訪使，太僕卿兼判梁州都督

持節河西節度等副大使牛仙客爲河西道採訪使，益州長史持節劍南
節度副大使王昱爲劍南道採訪使，荊州長史韓朝宗爲山南道採訪
使，潤州刺史劉日正爲江南道採訪使，秦州刺史裴敦復爲隴右道採
訪使，梁州刺史宋詢爲山南西道採訪使，宣州刺史班景倩爲江南道
採訪使。」

《唐會要》卷七八：「開元二十二年二月十九日，初置十道採訪處置
使，以御史中丞盧絢等爲之。至三月二十三日，諸道採訪處置使、
華州刺史李尚隱等奏請各使置印，許之。」

三月，作《奉和聖製送十道採訪及朝集使》

王維有《奉和聖製暮春送朝集使歸郡應制》（《英華一七七》），據此，
詩當作於本年三月。

《敕處分縣令》

《大詔令集》卷一百佚年份。《元龜》卷一五八：開元「二十二年三
月，命有司引新授縣令等見，敕之曰：新除河南府密縣令張稷等」
云云，內容與敕同，當作於三月。

《敕處分選人》：《大詔令集》卷一百所錄此敕作「開元二十二年」，
不紀月日。《何考》據唐選舉實際，疑此敕作於本年三月間。從之。

初知政事，九齡即從當時貨幣流通不甚通暢的實際出發，建議不要禁止民間私鑄銅錢。有《敕議放私鑄錢》之作。

《新書》卷五四：「二十二年，宰相張九齡建議：古者以布帛菽粟不
可尺寸抄勺而均，乃爲錢以通貿易。官鑄所入無幾而工費多，宜縱
民鑄。議下百官……是時公卿皆以縱民鑄爲不便，於是下詔禁惡錢
而已」（《舊志》略同）。《舊紀》：開元二十二年「三月壬午，欲令不
禁私鑄錢，遣公卿百僚詳議可否。眾以爲不可，遂止。」《會要》卷
八十九作「三月二十一日」，《通鑑》卷二一四作「三月庚辰」，二
十二年三月壬戌朔，庚辰是九日，壬午是十一日，當是干支推算造
成的差正。惟《通典》卷九作「開元二十年九月，」《何考》云：「在
公拜相之前，與諸書所紀不同，恐有訛正。」

《敕安西節度王斛斯書》（使人兼趙璧近至）

《唐會要》卷七八：「安西四鎮節度使，開元……二十一年十二月，

王斛斯除四鎮節度」（《玉海》卷十九同）。《舊紀》：開元二十二年夏四月「甲寅，北庭都護劉渙謀反伏誅」（《新紀》同）。據敕文「頃者劉渙凶悖……且聞伏法」及「夏初已熱」等內容年，文當寫於二十二年四月甲寅劉渙謀反伏誅後不久。甲寅爲四月二十三日，敕當作於四月底。

《敕西州都督張待賓書》（累得卿表）

　　西州都督張待賓：張待賓，唐將領名。唐史不見其名，九齡《曲江集》其有四篇《敕西州都督張待賓書》，卷十三還有一篇《賀張待賓奏克捷狀》。張待賓爲西州都督，《刺史考》置「約開元二十三年（約735）」。阿斯塔那 509 號墓出土文書中，有多份西州都督府案卷，其中，37～41 號文書記西州都督押署「付司，賓示。」這個「賓」字，按習慣應爲都督之名，我以爲這個「賓」，就是張待賓。37 號有「開元廿二年七月□日，赤亭鎮將男楊景璿牒。付司。賓示。廿七日。」則其爲西州都督，最晚也應在開元二十二年七月二十七日前。其前任即王斛斯，文書 23～36 號即斛斯所署文案，可參（《吐魯番出土文書》第九冊，文物出版社，1990）。則他很可能是二十一年底被任命爲西州都督。此書提及劉渙被誅，又言「夏初已熱」，當與前敕王斛斯作於同時，即二十二年四月。《何考》繫開元二十二年，從之。

五月，加銀青光祿大夫、中書令

　　《加銀青光祿大夫中書令制》：「門下……正議大夫中書侍郎同中書門下平章事兼修國史賜紫金魚袋上柱國曲江縣開國男張九齡經濟之才，式是百辟……可銀青光祿大夫守中書令集賢院學士知院事修國史，勳封如故……開元二十二年五月二十七日」（集本附）。

　　《舊紀》：開元二十二年「五月戊子，黃門侍郎裴耀卿爲侍中，中書侍郎張九齡爲中書令。」五月辛酉朔，戊子爲十八日，當有一誤。

《敕伊吾軍使張楚賓》

　　張楚賓，唐將，史佚其名。其時爲伊州刺史兼伊吾軍使。阿斯塔那五〇九號墓出土文書二四《石染典過所》：「開元二十年……四月六日，伊州刺史張賓押過」（《吐魯番出土文書》第九冊 42 頁）。此「伊州刺史張賓」，《刺史考》以爲即張楚賓，是。伊吾軍，軍鎮名。《會要》卷

七八:「伊吾軍,本昆吾國也,置在西州,景龍四年五月置。」因敕言及「劉渙凶逆,處置狂疏;遂令此番,暫有邊轉。」,故當作於開元二十二年夏四月誅劉渙之後。又言「夏中盛熱」,似當作於五六月間。

《敕慮囚》

此爲開元二十二年五月事。《元龜》卷八五:開元「二十二年五月詔曰:「時向炎蒸,人或冤繫,豈忘仁恕,固須審察。其兩京都城見禁囚,宜令中書門下及留守檢校覆記……天下諸司委刺史並准此。」《舊記》:開元二十二年四月「乙巳,詔京都見禁囚徒,令中書門下及留守檢覆降罪,天下諸州,委刺史。」乙巳爲四月十四日,似爲「己巳」之誤,己巳爲五月九日。《何考》亦繫二十二年。

《賀麥登狀》、《謝敕賜麥麵狀》

後狀云:「林招隱宣敕賜臣等,招隱説云:薦新之外,禁中所出,皆是降至尊親耕稼穡之所成也。」《舊紀》:開元二十二年五月,「是夏,上自於苑中種麥,率皇太子巳下躬自收穫,謂太子等曰:『此將薦宗廟,是以躬親,亦欲令汝等知稼穡之難也。』因分賜侍臣,謂曰:『比歲令人巡檢苗稼,所對多不實,故自種植以觀其成,且《春秋》書麥禾,豈非古人所重也!』」(《御覽》卷一百十一同)據此,知二狀作於本年夏。

在中書令任,曾諫玄宗相李林甫。

《通鑒》卷二一四:「初,上欲以李林甫爲相,問於中書令張九齡。九齡對曰:『宰相繫國安危,陛下相林甫,臣恐異日爲廟社之憂。』上不從。」《舊紀》:開元二十二年夏五月「戊子,黃門侍郎李林甫爲禮部尚書同中書門下平章事。」

《何考》:「諫相林甫,當在五月戊子之前。」《何譜》、《楊譜》亦繫本年。

六月乙未,遣左金吾將軍李佺於赤嶺與吐蕃分界立碑

《舊紀》:開元二十二年「六月乙未,遣左金吾衛將軍李佺於赤嶺與吐魯分界立碑。」

開元十八年,吐蕃致書求和。十九年,請於赤嶺爲互市,許之(《通鑒》二百十三)。二十一年正月,命工部尚書李暠使於吐蕃(《舊紀》、

《元龜》六百五十三、卷九百八十）。二月還，金城公主因之獻表，請於今年九月一日樹碑於赤嶺，定蕃漢兩界。樹碑之日，蕃漢使臣共至兩國邊州歷告各處曰：「兩國和好，無相侵掠」（《元龜》卷六百五十三、卷九百七十九）。《赤嶺碑》言：「維大唐開元二十一年，歲次壬申，舅甥修其舊好，同爲一家……有如日，有如河」（同上，卷九百七十九）。按：壬申爲開元二十年（公元 732），碑言「開元二十一年」，「壬申」似應爲「癸酉」之誤。開元二十一年，應爲刻碑時間；二十二年六月，爲立碑時間。

《敕北庭將士（部落及）百姓等書》

北庭，唐六都護府之一，長安二年（702）分安西都護府北部置，治庭州（今新疆木薩爾北破城子）。此敕言及北庭都護劉渙謀反事，劉渙被誅在開元二十二年夏四月。書當作於劉渙被誅後不久，書言：「夏中甚熱」，應作於本年五月。參前《敕安西節度王斛斯書》等條。《何考》繫開元二十二年，是。

《敕勃律國王書》

勃律國有二：一爲大勃律，一爲小勃律。《舊書》卷一九八記大勃律開元二十二年（一作二十四年）「爲吐蕃所破」。沒謹忙爲小勃律王。天寶間其王蘇失利背唐臣吐蕃，唐將高仙芝擒之，以其地爲歸仁軍。敕言「得王斛斯表卿所與斛斯書，知卿忠赤，輸誠國家，外賊相誘，執志無二。又聞被賊侵寇，頗亦艱虞，能自支持，且得退散，並有殺獲，朕用嘉之！……夏中甚熱，卿及將士並平安好。」王斛斯爲安西四鎮節度在開元二十一年底，敕言「夏中甚熱」，當作於開元二十二年夏。《何考》謂「最早當在廿二年五月間也。」從之。

《敕識匿國王書》

《敕》云：「卿比與護密相爲唇齒。而發亶凶狡，劫殺商胡，罪不容誅，走投異域。朕知其惡積，改立眞檀，遽聞卻來，還占本國。卿等讎疾頑暴，相率誅之，累歲逋逃，一朝翦滅……夏末甚熱，卿及將士並平安好。」

《敕護密國王書》

書云：「發亶積惡，自取滅亡，想所知之，不復煩述。卿比者雖受冊立，緣此未得還蕃，彼既伏辜，固無隔閡……已西商胡，比遭發亶

劫掠，道路遂斷。卿宜還國，必須防禁。蕃中事意，遠路難聞，可量彼權宜，便與王斛斯計會。夏末甚熱，卿及首領並平安好。」

此二書，均言及護密國發蜀劫殺商胡，朝廷改立真檀爲王，但發蜀還佔本國，致真檀不得還國，後真檀與識匿國聯兵，誅發蜀等事，又都言「夏末甚熱」，應作於同時。《元龜》卷九六四「外臣部・封冊二」：開元二十年「九月，護密國王發辛，封其弟護真檀爲護密國王。」二十一年「九月，護密國王真檀來朝，宴於内殿，授左金吾衛將軍員外置，賜紫袍金帶魚袋等七事及帛百匹，放還蕃。」二敕應作於此間，即二十一年六月。《敕護密國王書》還言及「可量彼權宜，便與王斛斯計會」事，從敕書言「與王斛斯計」看，當時王斛斯應是安西副大都護。吐魯番阿斯塔那 509 號墓出土文書，有多件爲西州都督王斛斯批件，時間爲開元二十年至二十一年（《吐魯番》第九冊）。二十一年十二月，王斛斯即升任安西副大都護。從王斛斯任職情況看，此二敕均應撰於二十二年六月。《何考》置《敕識匿國王書》於二十一年，恐不妥。

《敕河西節度牛仙客書》（邊事煩總）

《何考》：「《文苑英華》卷三九九孫逖《授牛仙客殿中監制》云：『頃持節鉞，嘗鎭河湟，兵器惟精，邊人咸賴。』《通鑑》卷二一三：『開元二十年九月壬子，河西節度使牛仙客加六階。初蕭嵩在河西，委軍政於仙客。仙客廉勤，善於其職。嵩屢薦之，竟代嵩爲節度。』《冊府元龜》卷一六二帝王部命使二：『開元二十二年二月辛丑，初置十道採訪處置使……太僕卿兼判涼州都督持節河西節度等副大使牛仙客爲河西道採訪使。』《文苑英華》卷九二二《贈涇州刺史牛公神道碑》云：『有子仙客，爲國之良，用商君耕戰之圖，修充國羌胡之具。出言可復，所計而然，邊扞長城，主恩前席。』又云：『嗣子銀青光祿大夫太僕卿判涼州持節河西節度使兼隴右群牧都使支度營田使隴右採訪處置使攝御史大夫隴西縣開國子仙客。』細心排比其官銜及事蹟，此敕似在廿二年冬追贈牛意爲涇州刺史之前。敕又云：『夏末甚熱』，當在本年六月間。」從之。

《敕幽州節度使張守珪書》（兩蕃自昔輔車相依）

安祿山：唐將領名。本胡人，名軋犖山。後母嫁突厥人安延偃，遂

改名安祿山。以軍功官至平盧、范陽兼河東三鎮節度使。天寶末，與史思明一同謀反。攻下洛陽，宣佈即帝位，國號燕，年號聖武。不久爲其子安慶緒所殺。《何考》疑此敕作於開元二十一年冬初，時九齡似已丁憂，故移置本年。

《敕擇日告廟》

《元龜》卷四三四將帥部獻捷：「張守珪爲幽州節度副大使，開元二十二年守珪大破林胡，遣使獻捷，擇日告廟（自後諸軍，每有克捷，必先告廟）。」《會要》卷九六契丹：「二十二年六月幽州節度使張守珪大破之，遣使獻捷。敕曰：『邊境爲患，莫甚於林胡……宜擇日告九廟，所司准式。』」

七月，充河南開稻田使；八月，至許、豫、陳、亳等州置水屯

《舊紀》：開元二十二年「七月甲申，遣中書令張九齡充河南開稻田使。」「八月，先是駕幸東都，遣侍中裴耀卿充江淮、河南轉運使，河口遺置輸場。壬寅，於輸場東置河陰縣，又遣張九齡於許、豫、陳、亳等州置水屯。」

《舊書・本傳》云：「又教河南數州水種稻，以廣屯田，議置屯田，費功無利，竟不能就，罷之。」冊府元龜卷五・三邦計部屯田云：「玄宗十五年夏四月庚戌詔曰：『陳許豫壽等四州，本開稻田，將利百姓。度其收穫，甚役功庸。何如分地均耕，合人自種，先置屯田，宜並定其地，量給逃遠及貧下百姓。』」《何考》：「屯田之罷，在公罷相之後，李林甫專政之時。公廣屯田之議與裴耀卿之漕運計劃有連帶關係，在河南置水屯，實欲救關中糧食之缺乏，且省轉運之煩勞耳。其動機本甚善，未可厚非也。至二十五年牛仙客用彭果之計，行和糴法於關中，自是蓄積羨溢。遂於二月戊午罷江淮運，更於四月庚戌罷陳許豫壽四州開稻田。此事關係政策之變遷，是非功過，未可輕論也。」

《敕停官祭贈太子》

《何考》：「《冊府元龜》卷六二一卿監部司宗：《唐大詔令》卷三十二罷祭均載此敕，作開元二十二年七月；《唐會要》卷十九諸太子廟作開元二十二年七月二十六日。」

《薛王有疾上憂變容髮請宣付史館》

　　《新書‧惠宣太子業傳》云：「二十二年業有疾，帝憂之，一夕容髮
爲變。」《通鑒》卷二一四：「開元二十二年六月薛王業疾病，上憂
之，容髮爲變。七月己巳薨，謚惠宣太子。」按：書當上於七月己
巳（十日）李業死前。《通鑒》作六月，從之。

《薛王薨上損膳請復膳狀》

　　《舊紀》：「二十二年七月己巳司徒薛王業薨，追謚爲惠宣太子。」
狀當上於七月己巳後數日。

《敕罽賓國王書》

　　敕云：「得四鎮節度使王斛斯所飜卿表」，知當在開元廿一年十二月王
斛斯除安西四鎮節度之後。又云：「秋初尚熱」，至早當在本年七月也。

《敕新羅王金興光書》

　　敕書云：「敕新羅王開府儀同三司、使持節大都督雞林州諸軍事、上
柱國金興光。」

　　金興光，新羅國王金理洪之弟，長安中，理洪死，興光繼位。其本名
與太宗同，則天后爲改名。《曲江集》載與金興光書三封。《舊紀》：
開元十六年七月「丙辰，新羅王金興光遣使貢方物。」二十五年「二
月，新羅王金興光卒，其子承慶嗣位。」三書均當作於開元二十五年
前。此敕云：「賀正使金碣丹等至。」《元龜》卷九七五外臣部褒異三
云：「二十二年正月壬子新羅王興光遣其大臣金碣丹來賀正。帝於內
殿宴之，授衛尉少卿員外……賜繡領袍平漫銀帶及絹六十疋，放還
蕃。」敕必在金碣丹來朝之後：敕又云：「故去年遣中使何行成與金
思蘭同往，欲以叶謀。」《通鑒》卷二一三：「開元二十一年正月庚申，
命太僕員外卿使於新羅。」（元龜卷九七五褒異三亦同）則此敕必在
二十二年。敕云：「昨金志廉等到，緣事緒未及還期，忽嬰疹疾，遽
令救療，而不幸殂逝。」《元龜》卷九七五褒異三云：「二十一年十二
月乙未，新羅王興光遣侄志廉來朝，謝恩也。詔饗志廉內殿，賜以束
帛。」志廉等之殂逝，當在其後。敕又云：「今有答信物，及別寄少
信物，並付金信忠往。」《元龜》卷九七三助國討伐云：「二十二年二
月，新羅王興光從弟左領軍衛員外將軍信忠上表曰：『臣所本進止，
令臣執節本國，……當此之時，爲替人金孝方身亡，便留臣宿衛。臣

本國王以臣久侍天庭,遣從侄至廉代臣,今巳到訖,臣即合還。』」
則金志廉之死,必在二十二年二月之後,而此則發於金信忠歸國之
時。敕又云:「初秋尚熱」,則當作於開元二十二年七月間,從《何考》。

《敕西南蠻大首領蒙歸義書》

　　《曲江集》卷十二共收與西南蠻大首領蒙歸義書兩則,一則言及與
吐蕃通和事,唐遣左金吾將軍李佺於赤嶺與吐蕃分界立碑,事在開
元二十二年六月(《舊紀》),敕必作於六月後。《元龜》卷九七五褒
異三:「二十二年三月癸丑,西南蠻大酋率蒙歸義遣使獻麝香牛黃,
降書慰勉,賜絹二千匹,雜彩二百匹,衣一副以酬之」(同書卷九七
一作二十二年四月)。此敕必在三月蒙歸義遣使朝貢回西南蠻之後;
兩敕似為前後作,一云:「比秋涼」,一云「秋中巳涼」,似均作於開
元二十二年八九月間。

《敕安南首領爨仁哲書》、《敕蠻首領鐸羅望書》

　　前敕云:「比者時有背叛,似是生梗,及其審察,亦有事由。或都府
不平,處置有失;或朋仇相嫌,經營損害,既無控告,自不安寧,
兵戈相防,亦不足深怪也。」本年秋《敕西南蠻大首領蒙歸義書》
云:「項者諸酋之中,或有攜貳,相率自討,惡黨悉除,即日蕃中應
且安帖。」兩敕當寫於前後。此兩敕均云:「秋中巳涼」,似當作於
開元二十二年八月間。

《敕突厥苾伽可汗書》

　　敕云:「自為父子,情與年深。」《冊府》卷九七一外臣部·朝貢四
云:二十年「七月庚子,突厥(毗伽)可汗堂弟何支監捺來朝。」
二十一年「九月,突厥遣其大臣牟伽伊難達干等十三人來朝。」《舊
紀》開元二十二年十二月,「突厥苾伽可汗死。」《冊府》卷九七五:
開元二十二年「十二月庚戌,突厥苾伽可汗小殺為其大臣梅祿啜所
毒而卒。」開元二十年八月,九齡即知知制誥。敕云「秋氣漸冷」,
故敕當作於開元二十年或二十一年八九月間,暫繫此。

《敕劍南節度使王昱書》

　　敕云:「劍南節度副大夫使兼採訪使益州長史攝御史中丞王昱。」按
《舊唐書》卷八玄宗紀:「二十二年二月辛亥初置十道採訪處置使,
此敕必在其後。敕又云:「吐蕃請和,近與結約,群蠻翻附,彼將有

詞」。開元二十二年六月乙未，唐遣左金吾將軍李佺於赤嶺與吐蕃分界立碑。敕當在其後。敕又云：「冬初薄寒」，疑當在本年十月間也。《曲江集》附錄《加銀青光祿大夫中書令制》末署「黃門侍郎朝請大夫給（侍）事中內供奉臣昱」，何格恩以爲即王昱，非。張九齡爲中書令在二十二年五月，王昱在本年二月初置十道採訪處置使時即是以「益州長史持節劍南節度副大使王昱爲劍南道採訪使，」顯然，本年二月命其爲劍南道採訪使時，他已經在益州；此敕言及近與吐蕃結約事，則本年六月他還在益州，何得本年五月在朝？此黃門侍郎昱，疑後爲太僕卿之杜昱。

《敕日本國王書》

敕云：「不知去歲，何負幽明？丹墀眞人廣成等入朝東歸，初出江口，雲霧斗暗，所向迷方，俄遭惡風，諸船飄蕩。其後一船在越州界，即眞人廣成，尋已發歸，計當至國。一船飄入南海，即朝臣名代，艱虞備至，性命僅存。名代未發之間，又得廣州表奏，朝臣廣成等飄至林邑國，……已敕安南都護，今宣敕告示，見在者令其送來。待至之日當存撫發遣，又一船不知所在，永用疚懷！」《元龜》卷一百七十帝王部來遠云：「開元二十一年八月，日本國朝賀使眞人廣成與傔從五百九十人，舟行遇風，飄至蘇州，刺史錢惟正以聞，詔通事舍人韋景先往蘇州宣慰焉」（又見同書卷九七一《外臣部·朝貢四》，「通事」作「通書」）。廣成等入朝東歸，飄至蘇州，既在開元廿一年八月，其再次發歸，必在此後；此敕又言及廣成回歸飄至林邑國事，應更在其後。敕言「去歲」，必發於廿二年。敕又云：「中冬甚寒」，當作於開元二十二年十一月間。從《何考》。

《大唐贈使持節涇州諸軍事涇州刺史牛公碑銘》

碑云：「二十二年冬，且有後命，贈使持節涇州諸軍事涇州刺史，夫人追封太原郡夫人。」撰碑當在其後。《金石錄》卷六：「第一千八十二《唐涇州刺史牛意碑》：張九齡撰，八分書，姓名殘缺，開元二十二年。」

《敕投降奚等書》

《何考》置此敕開元二十年，謂即奚酋長李詩瑣高所率歸降之五千帳。此事《通鑒》置於二十年三月，時九齡尚未預知制語事，亦與

敕所言「比嚴寒」不符，故不從。按，《曲江集》又有《賀奚契丹並自離貳廓清有期狀》，狀言：「契丹及奚並自離貳，兼安祿山復有殺獲。」疑此敕應是安撫與契丹新近「離貳」的降奚而作，其時應在「可突干率眾偽降」（《舊紀》）之前。暫繫開元二十二年冬。

《賀奚契丹並自離貳廓清有期狀》

狀言：「契丹及奚並自離貳，兼安祿山復有殺獲。」時亦應在開元二十二年冬。參上《敕投降奚等書》。

《敕契丹王據埒、可突干等書》

契丹王據埒、可突干：「據埒」，《紀》及《通鑒》作屈烈，《舊書·張守珪》作屈剌，開元十八年，契丹衙官可突干殺其王邵固，立屈烈為王，脅眾降突厥。《舊紀》：開元二十二年十二月「乙巳，幽州長史張守珪發兵討契丹，斬其王屈烈及其大臣可突干於陣，傳首東都。」此敕應是可突干偽降之後至被殺前一段時間所作。敕言：「冬末寒甚」，應在十二月，乙巳為十八日，當在乙巳前，應與上《敕投降奚等書》作於同時。

《賀誅奚賊可突干狀》

狀云「右高力士宣示張守珪所上逆賊契丹屈烈及可突干等首級。」當在廿二年十二月乙巳以後；據《舊紀》，「乙巳」為張守珪「斬其王屈烈及其大臣可突干」，「傳首東都」之日；御批云：「朕方事籍田，而今獻捷，當鑄劍戟以為農器也。」御批既言「朕方事籍田」，據《舊唐書》卷八玄宗紀：「二十三年春正月己亥，親耕籍田，至九推而止；卿以下終其畝，大赦天下。」應在舉行籍田大禮之正月乙亥（八日）以前。參下《籍田制》與《籍田赦書》考。《何考》置開元二十三年正月，恐非，應為二十二年十二月乙巳當日或次後一二日內所上。

《賀上仙公主靈應狀》

上仙公主，明皇寵妃武惠妃所生，「襁褓不育。」《何考》開元二十二年：「狀云：『臣等親侍軒墀。』御批又云：『卿亦史官，任為几例。』按公《起復拜相制》稱同中書門下平章事兼修國史，狀疑上於本年。」從之繫本年。

《上為寧王寫一切經請宣付史館狀》

《會要》卷五十云：「安國觀，正平坊，本太平公主宅。長安元年春

睿宗在藩邸，公主奉焉。至景雲元年置道士觀，仍以本街爲名。十年玉眞公主居之，改爲女冠觀。」狀云：「右臣奉敕今日於安國觀行香，伏見天恩爲寧王及故惠宣代國金仙公主共寫一切道經四本。」「惠宣」即薛王李業，《舊紀》：「二十二年七月己巳司徒薛王業薨，追諡爲惠宣太子。」「代國」即代國長公主，睿宗第四女，名華，開元二十二年六月二十九日薨（《金石史》卷二）。《寶刻叢編》卷十華州《唐代國長公主碑》：「公主婿鄭萬鈞撰並書，公主，睿宗第四女也。碑以開元二十二年十二月立。」金仙公主，卒年不可確考，死時年四十四，《金仙長公主碑》稱玄宗「開元神武皇帝」（《金石萃編》卷八四），則其逝當在開元二十七年前。《平津館讀碑記》以其卒「當在開元二十一年以後數年之間。」近是。《何考》謂安國觀在長安，故言：「玄宗自開元二十二年正月己巳幸東都，至二十四年十月丁丑始還京，而公於十一月壬寅罷相。此狀當上於十月丁丑以後，十一月壬寅以前。」安國觀實在東京，張九齡既在東京安國觀行香，文當作於開元二十二年七月至二十四年十月之間。暫繫二十二年末。

《謝賜藥狀》

御批云：「臘日所惠，固其常耳。」《英華》卷六百三十有苑咸，《爲晉公李林甫謝臘日賜藥等狀》，《何考》開元二十四年謂：「諒亦同時，至遲當在本年。」按：據二狀，是否同年，難定。但狀當上於二人爲相間，則可定。據九齡狀中語，似應在爲相後一兩年內，故移至開元二十二年末。

《謝賜詩及衣服絹狀》

《何考》開元二十四年：「此狀年月未能推定，暫繫於賜藥狀之後，以俟續考。」據狀似應在爲相後一兩年內，故移至開元二十二年末。

唐開元二十三年（公元 735）乙亥

五十八歲。

在銀青光祿大夫守中書令集賢院學士知院事兼修國史任。

正月初，草《籍田之制》

《大詔令集》卷七四、《英華》卷四六二錄此制無年月。《舊書》卷二

四：開元「二十二年冬，禮部員外郎王仲邱上疏請行籍田之禮」（《會要》卷十下引者同）。此制約是對王仲邱所疏事情的一個回答。時應在開元二十三年春正月乙亥（八日），玄宗親耕籍田之前若干日，據制文中「今星紀既周」之語，二十二年已經過完。《何譜》、《何考》、《楊譜》均置開元二十三年，從之。但《池目》與《籍田赦書》同日，似不妥。因制下有關部門要有一定準備期。參《籍田赦書》考證。

《籍田赦書》

舊唐書八玄宗紀：二十三年春正月乙亥親耕籍田，至九推而止；卿以下終其畝，大赦天下。」唐六典十九司農寺云：「開元二十三年正月上親耕於洛陽東門外。諸儒奏議以爲古者耦耕，以一撥爲一推，其禮久廢。今用牛耕，宜以一步爲一推。及親籍田，太常卿告三推禮畢。上曰：「朕憂農人之勤勞，欲俯同九推」遂九推而止。於是公卿以下，皆過於古云。」正月乙亥爲正月八日。

《賀雪狀》（伏以至德）

《曲江集》收《賀雪狀》二。此狀云：「右伏以至德惟勤，親耕以勸，大禮云畢，勞酒加歡。」「御批」云：「籍田勸農，勞酒成禮，此時降雪，神人以和。」狀當上於籍田大禮畢，「勞酒加歡」之時。據《籍田赦書》，籍田禮畢，「都城內賜酺三日」。因此，狀應上於開元二十三年正月八日後三日內。《何考》亦繫本年。

三月五日，加金紫光祿大夫

《徐碑》云：「明年，公奏籍田躬耕禮節，加金紫光祿大夫，進封始興伯。」《徐碑》云：「明年，公奏籍田躬耕禮節，加金紫光祿大夫，進封始興伯。」《籍田赦書》云：「升壇行事官、修禮儀官及判官等，更賜一階。其升壇及修禮儀兩兼者，從一加階。」《曲江集》附錄《加金紫光祿大夫制》云：「門下：功宣帝載，大任所以寄賢；道到時雍，寵章所以褒德。銀青光祿大夫守中書令集賢院學士知院事兼修國史上柱國曲江縣開國男張九齡……屬禮展躬耕，功參翼贊，宜崇班秩之命，式想勳庸之典。並可金紫光祿大夫，餘如故，主者施行。開元二十三年三月五日」（集本附，原題作「紫金」，誤）。《新唐書》卷四十六百官志：「正三品曰金紫光祿大夫，從三品曰銀青光祿大夫。」《何考》：「公之加階，蓋以修禮儀之功也。」

同月九日，進封始興縣開國子、食邑四百戶

《封始興縣開國子食邑四百戶制》：「金紫光祿大夫中書令集賢院學士修國史上柱國曲江縣開國男張九齡，右可進封始興縣開國子、食邑四百戶。門下：五等之制，七命所崇；苟非大賢，孰延懋賞！……可依前件，主者施行。開元二十三年三月九日」（集本附）。

王維此前後獻詩，請為九齡帳下

《編年史》開元二十三年：「三月，王維拜右拾遺，獻詩張九齡，請為帳下。《全唐詩》卷一二五《獻始興公》：『側聞大君子，安問黨與仇。所不賣公器，動為蒼生謀。賤子跪自陳，可為帳下否？感激有公議，曲私非所求。』題下注：『時拜右拾遺。』……王維詩當三月或稍後作。」從之。

《觀御製喜雪篇陳誠狀》

狀云：「臣等適見工部侍郎侍講學士陳希烈所蒙恩賜聖製雪篇。」按《曲江集》附錄開元二十一年五月二十七日《加校校中書侍郎制》云：「朝散大夫中書舍人集賢院學士侍講陳希烈……可檢校尚書工部侍郎如故」此狀必上於陳希烈拜工部侍郎之後。狀又云：「況臣忝在樞衡，無能翼亮」必在公拜相之後。公於廿一年冬奔喪南歸，廿二年正月己丑自韶州入東都，《何考》開元二十二年謂「此狀最早當上於本年冬。」從狀言「兆且見於祈年」看，應在春郊之後，故移置二十三年春。應在《賀雪狀》後。

《謝賜御書喜雪篇狀》

狀云：「臣前伏見聖製喜雪篇，奉狀稱慶，已特蒙賜本。今日高力士又宣賜臣林甫、臣某各一本。」按：此謝狀與上《陳誠狀》當為前後作，間隔時間應不長。《何考》謂「李林甫於開元二十二年五月二十七日守禮部尚書同中書門下平章事，上狀時與公同在相位，故得各賜一本也。」據上狀，此狀所上時間亦應在二十三年春。

《敕契丹知兵馬中郎李過折書》

李過折：本契丹牙將，與可突干同掌兵馬，爭權不叶。可突干前殺其王邵固叛投突厥，朝廷派張守珪率兵征討，可突干不敵，偽降。後守珪利用過折與可突干之間的矛盾，使其反戈殺死其王屈烈及可突干，契丹遂定（《舊書·張守珪傳》）。朝廷賞功，封他為北平郡王

檢校松漠州都督。其年夏，被部將涅禮殺死。參卷九《敕松漠都督涅禮書》。《通鑒》卷二百十四：開元「二十三年春正月，契丹知兵馬中郎李過折來獻捷，制以過折爲北平王檢校松漠州都督。《考異》曰：《實錄》云『同幽州節度副大使』，《舊傳》云『授特進檢校松漠州都督』。按：過折雖有功，唐未必肯使爲幽州節度使，今從《舊傳》。」《元龜》卷九六四正同《實錄》，可能是從中錄出。此敕當作於二十二年末殺屈烈、可突干，傳首東京，張守珪向朝廷上表稱其功之後，二十三年春正月過折入朝獻捷之前，即二十三年春初。很可能是接敕書即入朝。

《敕突厥可汗書》

敕云：「敕兒登利突厥可汗，天不福善，禍終彼國。苾伽可汗傾逝，聞以惻然」。《冊府》卷九七五：開元二十二年「十二月庚戌，突厥苾伽可汗小殺爲其大臣梅祿啜所毒而卒。」《通鑒》卷二一四亦繫此事於開元二十二年十二月。本年十二月戊子朔，庚戌爲二十三日。其來唐告哀當在來年初。敕當在其後。敕云：「春初猶冷」，當在開元二十三年正月間。《何考》亦置二十三年。

《敕突厥登利可汗書》（日月流邁）

敕云：「前哥利施頡斤至，所請葬料，事事不違。」《元龜》卷九七一朝貢四云：「二十三年正月，突厥哥解骨支車鼻施頡斤來朝。」蓋請葬料也。敕云：「今又遣金吾大將軍（李）佺持節弔祭兼營護葬事。」《元龜》卷九七五外臣部褒異三云：「二十一年十二月庚戌，突厥毗伽可汗小殺爲其大臣梅錄啜所毒而卒。……命宗正李佺申弔祭焉。」敕云：「故遣建碑立廟，貽範紀功。因命史官正辭，朕亦親爲篆寫，以固終始。」《舊唐書》卷一九四上突厥傳云：「既卒，國人立其子爲伊然可汗，詔宗正卿李佺往申弔祭，並冊立伊然。爲立碑廟，仍令史官起居舍人李融爲其碑文。」敕又云：「春初尚寒」，當作於開元二十三年正月，突厥哥解骨支車鼻施頡斤來朝請葬料回國及遣宗正卿李佺前往申弔祭之時。從《何考》。

諫相張守珪

《徐碑》云：「幽州節度張守珪緣降兩蕃，斬屈（烈、可）突干，將拜侍中；涼州節度牛仙客以省軍用，將拜尚書，並觸鱗固爭，竟不

奉詔。」《通鑑》卷二一四:「開元二十三年正月,上美張守珪之功,欲以爲相。張九齡諫曰:「宰相者代天理物,非賞功之官也。」上曰:「假以其名而不使任其職可乎?」對曰:「不可,惟名與器不可以假人,君之所司也。且守珪纔破契丹,陛下即以爲宰相;若盡滅奚厥,將以何官賞之?上乃止」。

《請東北將吏刊石紀功德狀》

《金石萃編》卷七十八所錄《裴耀卿書奏》,即此狀,尾署:「開元廿三年二月十二日,禮部尚書同中書門下三品上柱國臣李林甫奏,中書令集賢院學士修國史上柱國曲江縣開國男臣張九齡、侍中廟諱(弘)文館學士上護軍臣裴耀卿。」《元龜》卷三十七云:「開元二十三年二月己亥,以奚契丹既平,宰臣裴耀卿、張九齡、李林甫等奏賀。」此狀當爲三人其時所上賀狀。二月丁亥朔,己亥爲十三日,應是十二日寫,十三日上。

《開元紀功德頌》

《新書・張守珪傳》云:開元「二十三年,入見天子,會籍田畢,即酺燕爲守珪飲。至,帝賦詩寵之,加拜輔國大將軍右羽林大將軍,賜金彩,授二子官,詔立碑紀功。」《舊傳》亦云:「仍詔於幽州立碑,以紀其功。」

《謝蒙太子書頌狀》

據《舊紀》,張守珪斬屈烈、可突干在二十二年末,其「入見天子」在次年正月,令九齡撰《紀功德頌》及太子書頌當更在其後。

《敕宴幽州老人》

敕云:「敕幽州老人師知知禮等:比者林胡翻覆,薦歲不寧。……主將致誅,略無遺噍。實除邊患,且減徵徭。」蓋指張守珪等誅可突干而言也。《何考》:「師知禮等之入朝陳賀,疑在張守珪獻捷之時。」

與裴耀卿、李林甫共諫玄宗不要接受吐蕃所遺方物,玄宗不從。

《元龜》卷九七一外臣部朝貢四:「開元二十三年二月,吐蕃贊普遣其臣悉諾勃藏來賀正,貢獻方物,兼以銀器遺宰臣,侍中裴耀卿、中書令張九齡、禮部尚書平章事李林甫等奏曰:『臣等忝職樞近.不合輒受吐蕃餉方物,並望敕鴻臚進內。』帝不從。」

朝廷追贈其父弘愈為太常卿、廣州都督，母贈桂陽郡太夫人，作《追贈祭文》。

《徐碑》：「烈考許諱弘愈，新州索盧丞，贈太常卿、廣州都督。」

按：《何譜》繫開元二十年，但《何考》則移繫開元二十三年，謂：「當在公任中書令時。」又引《籍田赦書》說：「公父之追贈，疑因籍田而推恩也。」乙亥為開元二十三年。祭文又云：「猥當大任，聖上義存延賞，追贈所天。」據《追贈祭文》，公之父時追贈為太常卿、廣州都督，母贈桂陽郡太夫人，並贈「玉帶金章紫衣各一副。」時應為「開元二十（三）年，歲次乙亥」。《楊譜》亦繫此事於二十三年，《何譜》非。

《何考》注六十二：「《文苑英華》卷九九一《祭二先文》作『開元二十二年歲次乙亥』，集作『開元二十年歲次乙亥。』大抵集脫『三』字，而英華『二』為『三』字之訛。惟《全唐文》二九三竟改為『開元二十年歲次壬申。』當時公尚未拜相，其謬誤不待辨。」

《讓兩弟起復授官狀》

狀云：「但臣自罹殃罰，才逾年序……今若恭承恩命，盡在墨縗，何心何顏。」《何考》開元二十三年：「按公於廿一年秋丁母憂，至是不過一年餘，尚末服闋，惟有兩弟在家主祭，故不願起復也。御批云：『待至祥縞，非無後命。』明年九皋等服闋授官，公再上《謝兩弟授官狀》。其御批云：『卿之兄弟，並著才能，去歲所論，已有處分。既終祥縞，宜列朝衣。』則此狀當上於本年。《籍田赦書》既稱公翊贊有功，宜與一子官。兩弟之得授京官，疑亦因籍田推恩也。」從之。

張審素為楊汪冤殺，二子張瑝張琇為父報仇，手殺楊汪於都城（汪後更名萬頃）。張九齡擬活之，裴耀卿、李林甫以為如此壞國法，玄宗亦以為然。張瑝張琇終付河南府杖殺。

《通鑒》卷二一四：開元二十三年，「初，殿中侍御史楊汪既殺張審素，更名萬頃。審素二子瑝、琇皆幼，坐流嶺表。尋逃歸，伺便復讎。三月丁卯，手殺萬頃於都城，繫表於斧，言父冤狀。欲之江外，殺與萬頃同謀陷其父者。至汜水，為有司所得。議者多言二子父死

非罪，稚年孝烈，能復父仇，宜加矜宥。張九齡亦欲活之，裴耀卿、李林甫以爲如此壞國法，上亦以爲然。謂九齡曰：『孝子之情，義不顧死。然殺人而赦之，此涂不可啓也。』乃下敕曰：『國家設法，期於止殺。各伸爲子之志，誰非徇孝之人。展轉相仇，何有限極？各緣作士，法在必行；曾參殺人，亦不可恕。宜付河南府杖殺。』士民皆憐之，爲作哀誄，榜於衢路；市人斂錢，葬之北於邙」（《舊唐書》卷一八八《張琇傳》略同）。

《賀御製開元文字音義狀》、《請御注道德經及疏施行狀》

《元龜》卷五十三帝王部·尚黃老云：「（開元）二十三年三月癸未，親注《老子》並修疏義八卷，及《開元文字音義》三十卷，頒示公卿士庶及道釋二門，聽直言可否，文武百官右丞相蕭嵩等奏曰：「……請編入史冊，藏之秘府。許之。」《會要》卷三十六云：開元二十三年「其年三月二十七日，上注《老子》並修疏義八卷，並製《開元文字音義》三十卷，頒示公卿。」開元二十三年三月丁巳朔，癸未亦爲二十七日。

《謝賜食狀》

《何考》：「狀云：『右臣等面奉進止，合就集賢院與諸學士等觀聖注道德經。』此狀亦當上於三月癸未頒示公卿之後。」從之。

《請御注經內外傳授狀》

狀云：「臣等今日於九齡處伏見集賢院奉賀御注前件，經墨敕批答。」「御注前件，經墨敕批答」，當指九齡所上《請御注道德經及疏施行狀》及玄宗批註。故此狀之文，當作於其後，亦置開元二十三年。

《敕新羅王金興光書》

敕云：「賀正謝恩兩使繼至，再省來表，深見雅懷。」查《元龜》卷九七一外臣部朝貢四云：「二十三年正月，新羅遣使金義忠等來賀正。」敕云：「賀正使金義質及祖榮，相次永逝，念其遠勞，情以傷憫，雖有寵贈，猶不能忘。」《元龜》卷九七五外臣部褒異三云：「二十三年二月癸卯，新羅賀正副使金榮死，贈光祿少卿。」敕云：「近又得思蘭表稱，知卿欲於浿江置戍。既當渤海衝要，又與祿山相望，仍有遠圖，固是長策。且蕞爾渤海，久已逋誅。重勞師徒，未能撲滅。卿每疾惡，深用嘉之。警寇安邊，有何不可？處置訖，因使以

聞。」《元龜》卷九七一外臣部朝貢四云：「開元二十四年六月新羅王金興光遣使獻表曰：「伏奉恩敕：浿江以南，宜合新羅安置。」大抵當時渤海尚未就範，玄宗欲利用新羅以牽掣之。因金思蘭之表，遂於二十三年此敕准新羅於漢江置戍；至二十四年六月新羅處置了訖，便上表以聞。敕又云：「春暮已暄」，則當在本年三月間。

《敕平盧使烏知義書》（突厥去歲東侵）

敕言：「委卿在遠，實謂得人。」當是烏知義初爲平盧節度時所下。《刺史考》置烏爲平盧節度始開元二十二年（734）；另據渤海復歸時間，及「突厥去歲東侵，已大不利」、「春初尚寒」等語，當作於開元二十三年春。

《敕金城公主書》（異域有懷）、《敕吐蕃贊普書》（緣國家先代公主）

前敕云：「春晚極暄，想念如宜，諸下並平安好。今令內常侍元禮往，遺書指不多及。」

後敕云：「近得四鎮節度使表云，彼使人與突騎施交通……所送金銀諸物及偷盜人等並付悉諾勃藏卻將還彼。」據《冊府元龜》卷九七一朝貢四云：「二十三年二月，吐蕃贊普遣其臣悉諾勃藏來賀正，貢獻方物。」同書卷九八〇通好云：「二十三年三月，命內使竇元禮使於吐蕃，使悉諾勃藏還蕃，命通事舍人楊紹賢往赤嶺以宣慰焉。」按：吐蕃使悉諾勃藏來唐賀正在開元二十三年二月，內使竇元禮使於吐蕃在三月，悉諾勃藏同回。敕一言「春晚極暄」，一言「晚春極暄」，時間相同，應作於同時，一與贊普，一與公主，均當在本年春末也。

《敕劍南節度王昱書》

《何考》：《冊府元龜》一六二帝王部命使二云：「二十二年二月辛亥初置十道採訪處置使。益州長史持節劍南節度副大使王昱爲劍南道採訪使。」敕當在其後。二十二年冬敕劍南節度使王昱書云：「所請入奏，來歲何遲？」此敕云：「若欲入奏，亦任暫來。春晚極暄，卿比如宜？」則當在本年三月間也。

《敕當州別駕董懲運書》

當州，本松州之通軌縣，貞觀二十年，松州首領董和那蓬固守松府，特敕於通軌縣置當州，以土出當歸爲名，並以董和那蓬爲刺史。天寶

元年改爲江源郡，乾元元年復爲當州（《舊唐書》卷四十一）。董懲運，羌人，姓董和那，據敕言其「久襲冠帶」、「合承刺史」及下《敕當息羌首領書》看，應爲貞觀、顯慶間刺史董和那蓬及董和那屈寧之後，董念封之子，唐史佚其名。《何考》置此敕開元二十三年，從之。

《敕當息等州羌首領書》

《何考》開元二十三年：「《敕董懲運書》云：『今故令内使往問部落及百姓等。』此敕云：『前者令王承訓往宣問，事止當州。』」則前敕所謂内使，即王承訓也。敕云：『今聞吐蕃屯結。近在安戎。比來通好，未有深隙，計其不合爲寇，未知何故起兵。』按赤嶺定界在開元二十二年六月乙未。吐蕃背約出兵，必在其後。敕云：『其董懲運、董嘉宗已有處分訖。』此敕必在《敕董懲運書》之後。敕又云：『比巳熱』，疑當在夏初也。」

五月初，奉詔撰《龍池聖德頌》至二十三日，頌成，上《進龍池聖德頌表》

《玉海》卷六十：「唐龍池頌」：「《宗子璆傳》：初，帝賜第隆慶坊，坊南之地變爲池。中宗嘗泛舟厭其祥。帝即位，作《龍池樂》，張九齡撰《龍池頌》，刊石興慶宮西。天寶元年五月，宗子以爲不稱盛德，更命璆爲頌，建花蕚樓北。《會要》：五王子宅，景龍末，有龍池湧出，日浸廣。望氣者言，有天子氣。中宗泛舟厭之，明皇以爲興慶宮。開元二年，詔右拾遺蔡孚獻《龍池篇》，公卿以下百三十篇，付太常考其辭，合音律者爲樂章，錄姚崇、沈佺期等十首。十六年置壇。十八年十二月二十九日，有龍現於池，敕太常韋縚草祭儀。縚奏：祭用二月，牲用少牢，樂用鼓鍾，奏姑洗，歌南呂。二十三年五月一日，宗子請率月俸，於興慶宮建龍池聖德頌以紀符命，望令皇太子書、中書令張九齡爲文、禮部尚書李林甫充檢校使，從之。五日，宗子請令寧王憲題額，侍中裴光庭充模勒使。天寶二年五月五日，重建，褒信王璆撰（文），太子書、題額。」

《舊紀》卷八：開元二十三年「夏五月戊寅，宗子請率月俸，於興慶宮建龍池，上聖德頌。」二十三年夏五月丙辰朔，戊寅爲二十三日，當是九齡上表之日。

《敕契丹都督涅禮書》（往者屈（烈、可）突干兇惡）

涅禮一作泥禮，本契丹王李過折大臣，後殺過折，封松漠州都督；助張守珪破突厥，封右金吾衛大將軍、松漠都督。《曲江集》共收與涅禮敕書二則，此爲第一則。敕云：「過折既亡，卿初知都督。」《通鑒》卷二百十四：開元二十三年，「是歲，契丹王（李）過折爲其臣涅禮所殺……涅禮上言，過折用刑殘虐，眾情不安，故殺之。上赦其罪，因以涅禮爲松漠都督，且賜書責之。」下即節錄此敕文。據「夏中甚熱」一語，敕應作於本年夏五月。從《何考》。

《敕吐蕃贊普書》（近寶元禮往）

敕云：「近寶元禮往，事具前書。」按寶元禮於本年三月間使吐蕃，此敕必在其後。敕又云：夏中已熱，疑當在本年五月間也。

《敕柘靜（等）州首領書》

《何考》開元二十三年：「敕云：『昨王承訓去，緣當州百姓有相扇動。故令宣旨告示彼人。』《敕當息等州羌首領書》云：『今故令王承訓重宣往意。』此敕必在《敕當悉等州羌首領書》之後。敕又云：『比者採訪使處置或未得所，朕既知之，已有處分。』蓋指董懲運奏論王昱事也。敕末云：『夏中已熱』，疑在本年五月間。」從之。

《敕幽州節度張守珪書》（近有降人）

《舊傳》：「二十三年春，守珪詣東都獻捷……遂拜守珪爲輔國大將軍、右羽林大將軍兼御史大夫，餘官並如故。」文稱其「大夫」，當在此後；又言：「頃者涅禮自擅，雖以義責，而未有名位，恐其不安」，《通鑒》卷二百十四：開元二十三年，「是歲，契丹王（李）過折爲其臣涅禮所殺……涅禮上言，過折用刑殘虐，眾情不安，故殺之。上赦其罪，因以涅禮爲松漠都督。」當在涅禮擅殺契丹王李過折之後，命其爲松漠都督之前。言「比秋熱」，當作於秋七月。《何考》疑作於開元二十三年秋七月初，是。

《敕隴右節度陰承本書》

陰承本：唐官僚，唐史佚其名。《刺史考全編》「鄯州」置陰承本爲鄯刺在「開元二十二年—二十四年（734～736）」。引九齡本文及毛鳳枝《關中金石文字存逸考》卷一〇《隴右節度使陰公修硤路記》：「開元二十二年六月三十日，奉節度使兼中丞陰公處分，令臨洮軍副使郭質

押成州健兒，修此硤路。」並以此陰公即承本。則其時以御史中丞兼隴右節度使。文中及吐蕃「操持兩端，陰結突騎施」，「乃去姚、嶲用兵，取其城堡」事，當爲開元二十三年或二十四年；文作於「秋初尚熱」之時，當爲七月，與後《敕安西節度王斛斯書》（吐蕃與我盟約）約作於同年稍前一兩月。暫依《何考》繫二十三年。

按：吐蕃會使敗闕伊難如從唐界過蔥嶺被捕獲，所送金銀諸物並付悉諾勃藏卻還贊普，事詳敕突騎施可汗書及本年春間敕吐蕃贊普書。

《敕安西節度王斛斯書》（吐蕃與我盟約）：

前《敕隴右節度陰承本書》言：「朕於吐蕃，恩信不失，彼心有異，操持兩端，陰結突騎施，密相來往。」前言「秋初尚熱」，此言「秋涼」，約爲開元二十三年八九月間作。《何考》繫二十四年，不從。

《賀論三教狀》

《元龜》卷三十七帝王部·頌德云：「（開元二十三年）八月癸巳千秋節，命諸學士及僧道講論三教同異，中書令張九齡上言曰：『臣聞好尚之論，事躓於偏方；至極之宗，理歸於一貫。……望宣付史館。』」這個記載與玄宗御批：「頃因節日，會以萬方」合。開元二十三年八月甲申朔，癸巳爲十日，《元龜》誤。八月五日爲玄宗千秋節，狀當上於二十三年八月五日後。

《賀雨狀》（畿輔之間）

《何考》開元二十三年：「狀云：『右畿輔之間，秋來少雨。聖心有軫，稼穡惟憂。德至於天，慶自嘉節，實有神應，旋降甘南。』《冊府元龜》卷二云：『開元二十三年八月五日千秋節御花萼樓宴群臣，御製千秋節詩序。時小旱，是日澍雨，百官等咸上表。』狀疑上於此時。」並言《英華》卷五六一孫逖《爲宰相賀雨表》亦爲同時之作。事又見《元龜》卷一百一十「帝王部·宴享第二」，作「八月丁亥，帝降誕之日」。八月五日爲千秋節，「丁亥」爲本月四日，當爲前一日。

《敕嶲州都督許齊物書》

嶲州，唐州名。武德元年（618）改隋越嶲郡置，治越嶲（今四川西昌）。天寶元年（742）復爲越嶲郡。領越嶲、邛部、臺登、蘇祁、西瀘、昆明、會川七縣（《通典》一百七十六；《新志》領縣九，另有和集、昌明二縣；《舊志》作「舊領縣十，天寶領縣七」）。許齊物，

唐刺史。《冊府》卷一百二十八:「開元二十三年十二月（《玉海》卷一百三二一記此事作「十月」），命十道採訪使舉良刺史縣令，以陝州刺史崔希逸……巂州刺史許齊物、江州刺史李尚辭……等聞，上降書宣慰」。《何考》亦置開元二十三年，從之。

《敕西南蠻大首領蒙歸義書》（吐蕃於蠻）

敕云:「吐蕃惟利是貪，數論鹽井，比有信使，頻以爲詞，今知其將兵擬侵蠻落，兼擬取鹽井，事似不虛……若有驚急，復須爲援。並委卿與達奚守珪計會，無失事宜。」又云:「今故令內給事王承訓往」，與《敕當息等州羌首領書》語同，此敕應發於其後;「秋中漸涼」，應在本年八九月間。《何考》亦置本年。

《敕蠻首領鐸羅望書》:

敕云:「敕故姚州管內大酋長盤傍時嫡孫將軍鐸羅望。」蠻書六詔第三浪穹族云:「豐時卒，子羅鐸立;羅鐸卒，子鐸邏望立，爲浪穹州刺史。與南詔戰敗，以部落退保劍州。」敕云:「故遣宿衛首領王白於姚州都督達奚守珪計會，就彼弔慰」便授卿夔浪穹州刺史。」又云:「秋中已涼」，疑亦在八九月間也。

《敕奚都督李歸國書》

敕云:「近得守珪表稱奚衙官耨雲，輒構異謀，攜間部落，兼藏突厥，仍欲圖卿……聞已誅翦，是自滅亡。」突厥之東侵，疑是耨雲所勾引，敕當在涅禮、李歸國破突厥兵之前。敕又云:「秋涼」，疑在本年八九月間。

《敕松漠都督涅禮書》（得張守珪表）

敕云:「得張守珪表，知卿等破賊。」《通鑒》卷二一四開元二十三年十二月云:「突厥尋引兵東侵奚契丹，涅禮與奚王李歸國擊破之。」敕又云:「秋氣漸冷」，當在本年八九月間，與上《敕奚都督李歸國書》幾乎同時。

《敕幽州節度張守珪書》（北虜猖狂）

按:張守珪拜御史大夫在開元二十三年春，敕既稱其爲「御史大夫」，當作於開元二十三年春後。文言「秋涼」，又及李歸國、涅禮等擊敗突厥事，故當作於秋八九月間，與上敕李歸國、涅禮書幾乎同時。《何考》亦繫開元二十三年。

《敕平盧使烏知義書》

　　敕云：「適聞契丹及奚等並力合謀，同破凶醜；卿亦繼進，相與成功。此之一捷，使其喪氣。」又云：「秋涼」，當在八九月間。

《賀破突厥狀》

　　狀云：「右張守珪表奏突厥四萬騎，前月二十五日至能記離山，契丹涅禮等前後斬獲俘馘，數逾十萬。突厥可汗棄甲逃亡，奚王李歸國及平盧軍將等追奔逐北，計日殲滅。」此狀必上於開元二十三年李歸國、涅禮等大破突厥以後。據上《敕奚都督李歸國書》、《敕松漠都督涅禮書》及《敕幽州節度張守珪書》（北虜猖狂），似在本年秋間。從《何考》繫二十三年。

《賀東北累捷狀》

　　狀云：「今日劉思賢至，奉宣聖旨，垂示臣等破賊所由，兼見守珪表奏，具承契丹累捷。」疑亦在本年秋間。

《敕奚都督李歸國書》

　　敕云：「今聞涅禮已破凶徒，仍慮其收合餘燼，復來掩襲。卿可與涅禮，相為腹背。」又云：「秋深極冷」，當在本年九月底。

《論東北軍未可輕動狀》

　　狀云：「昨李佺使回，虜亦具云東下。」按李佺充弔祭使往突厥，在本年正月間；其還朝當在春夏間。狀云：「若契丹等偶勝，此虜勢衰。」當在契丹涅禮等破突厥前。《敕松漠都督涅禮書》云：「得張守珪表，知卿等破賊。」又云「秋氣漸冷。」當在本年八九月間。故此狀所上時間，似在夏秋間。《何考》亦繫開元二十三年。

《讓賜蕃口狀》

　　《何考》開元二十三年：「狀云：『右高力士宣聖恩，賜臣等蕃口。執自邊軍，釋囚為隸。』按：《論東北軍未可輕動狀》云：『右高力士宣奉張守珪所進送突厥生口。』則賜公等之蕃口，疑即張守珪所進送之突厥（戰俘）。」從之。

《賀御注金剛經狀》

　　《何考》：「《冊府元龜》卷五十一帝王部·崇釋氏云：『二十三年九月親注《金剛經》及《修義訣》。中書令張九齡等上言：臣等伏見御注前件經及義訣……伏望降出御文，內外傳授。』」

《請御注經內外傳授狀》

　　《何考》：「狀云：『右臣等今日於九齡處，伏見集賢院准賀御注前件經墨敕批答。』蓋前狀爲集賢院學士本賀。此狀爲文武百官所上也。御批云：『僧徒固請，欲以弘教，今請頒行，慮無所答。』《冊府元龜》卷五十一云：『二十三年九月親注金剛經及修義訣……簡較釋門威儀僧思有奏曰：……臣請具幡花奉迎於敬愛寺設齋慶賀，其御注經伏乞示天下，宜付史官。許之。』」

《敕河西節度使牛仙客書》（戎狄無義）

　　此敕所言均爲調兵增援安西北庭等事。《舊紀》：開元二十三年冬十月，「辛亥（《新紀》及《通鑒》作戊申）……突騎施寇北庭及安西撥換城。」《舊書·牛仙客傳》云：「開元二十四年秋，代信安王禕爲朔方行軍大總管，右散騎常侍崔希逸代仙客知河西節度使。」二十四年春正月，「北庭都護蓋嘉運率兵擊突騎施，破之。」書當作於牛氏至朔方及蓋嘉運破突騎施前。《何考》謂李禕貶衢州在開元二十四年四月，牛氏調任朔方「似當在夏間。」並繫敕於開元二十三年九月，從之。

《敕渤海王大武藝書》（不識逆順之端）

　　《敕》云：「卿往年背德，已爲禍階；近能悔過，不失臣節。」按：渤海靺鞨自開元二十年九月寇登州後，已絕朝貢。此是其復與唐通好後玄宗所下第一封敕書。《敕平盧使烏知義書》云：「突厥去歲東侵，已大不利……渤海、黑水，近復歸國。」敕又云：「近得卿表云：突厥遣使求合，擬打兩蕃。奚及契丹，今既內屬；而突厥私恨，欲仇此蕃，卿但不從，何妨？」按奚及契丹內屬在二十二年，突厥東侵亦在二十二年，敕既言「去歲」，應寫於二十三年。言「春晚」，當在三月間也。渤海靺鞨大戌慶等入朝事，不見史載，亦當在二十三年。《元龜》卷九七一於二十三年下記「三月……渤海靺鞨王遣其弟蕃來朝。」九七五又記爲二十四年，不知是年份誤記，還是史事誤，暫繫二十三年。

《敕渤海王大武藝書》（多蒙固所送水手）

　　《何考》開元二十四年：「按公於本年十二月壬寅罷爲右丞相，不復知政事。此敕至遲當在本年冬初。敕云：『多蒙固所送水手及承前沒落人等來表卿輸誠，無所不盡。』按渤海於本年春初復與唐通好，故屢遣使輸誠。多蒙固之來朝，似應在本年。而《冊府元龜》卷九

－133－

七五外臣部·褒異三云：『二十五年八月戊申，渤海靺鞨大首領多蒙固來朝，授左武衛將軍，賜紫袍金帛一百疋，放還蕃。』多蒙固之來朝，在公貶荊州之後，當與此敕無關。豈多蒙固會於廿四年來朝，而史冊漏書耶？抑《冊府元龜》所紀之二十五年爲二十四年之訛耶？疑不能明也。」

按：敕既言：「多蒙固所送水手及承前沒落人等來，表卿誠意，無所不盡。」此敕當是對大武藝歸還唐水手及沒蕃唐俘後的回敕。言「冬初漸冷」，似當作於開元二十三年冬十月。

《敕北庭將士（瀚海軍使蓋嘉運）已下書》

《舊唐書》八玄宗紀：開元二十三年冬十月「突騎施寇北庭及安西撥換城。」此敕言蘇祿詿誘群胡，圍犯邊鎮，疑在本年。敕又云：「秋氣已冷」當在九月間。《何考》繫此敕於開元二十三年，從之。

《敕西州都督張待賓（及官吏百姓以下）書》（不虞狂寇）

《何考》：開元二十三年「敕云：『卿等堅守孤城，敵此凶寇。』當指蘇祿圍犯安西撥換城而言，大抵蘇祿寇邊，當始於本年秋間，至十月初賊勢稍殺，朝廷始得奏報耳。此敕云『秋氣已冷，』當在九月間也。」

《賀張待賓奏克捷狀》

狀云：「但狂胡背誕，圍逼軍州，凶力固已困窮，邊城一無所損。」當在安西解圍之後，與上《敕西州都督張待賓（及官吏百姓以下）書》約略同時。從《何考》繫開元二十三年。

《敕吐蕃贊普書》（得七月一日信）

敕云：「得七月一日信，所言陰承本奏請不擬與彼和，將兵馬大入者……至如兵馬邊備，彼與此同，既見彼處加兵，豈此總無備矣。」《敕隴右節度陰承本書》云：「今年交兵新到隴右，未經戎事，大須訓習。」吐蕃所言，當與此有關也。使人吐蕃七月一日發，七月底或八月初即能到長安。敕云：「秋氣已冷」，回信當在本年八月後。從《何考》繫開元二十三年。

《敕幸西京》

《大詔令》卷七九《南路幸西京敕》文同此，末注：「開元二十三年十月。」《元龜》卷一百十三亦作「開元二十三年十月。」

《賀依聖料赤山北無賊及突厥要重人死請宣付史館狀》

此狀亦是當時「樞近」之臣共上之狀，時應在《賀東北屢捷狀》之後數天內。狀云：「右先得前件牒云：九月三日奚探見賊無數。前三日臣等面奉聖旨，料必安祿山所將之兵……今日幽州節度判官監察御史張曉至云：今月十一日從幽州發來，赤山元自無賊，所見者正安祿山部下兵馬。」《何考》繫二十三年，並疑此狀上於十月間。據張曉來京時間，似應在開元二十三年九月二十日前後。

《賀突厥小可汗必是傷死狀》

《顏魯公集》卷六《康公（阿義屈達於）神道碑》「毗伽可汗小殺爲其大臣梅錄啜所毒，小殺覺之，盡滅其黨，既卒，國人立其子伊然可汗，無何病卒，又立其弟登利可汗」（新舊《傳》與《冊府》略同）。伊然之死，《何考》疑由於東討兩蕃戰敗受傷也。時似應在開元二十三年冬。

《賀聖料突厥必有亡徵其兆今見狀》

突厥可汗伊然死，登利即位，內部權位之爭一直非常激烈。《顏魯公集》卷六《康公（阿義屈達於）神道碑》與新舊《唐書·突厥傳》均及之，其直接結果便是左殺兵馬攻殺登利。狀云：「契丹婦女屈將，從突厥出來，知可汗死是實。」此狀當上於唐得知突厥伊然可汗死的確訊以後。亦當在上《賀突厥小可汗必是傷死狀》後。《何考》繫開元二十三年，從之。

《敕安西節度王斛斯書》（得卿表）

敕云：「蘇祿背德，敢茲寇仇，自斃犬羊之群，我無毫釐之失。聞其狼狽，疲羸滿道，乘此翦撲，勢若摧枯。張義之等雖各行誅，猶受其少……且如所奏，亦足申威。」《舊紀》卷八：「開元二十三年冬十月突騎施寇北庭及安西撥換城。」敕末云：「冬初已冷」，當在十月間。《何考》繫二十三年，從之。

《敕河西節度副大使牛仙客書》（突騎施連歲犯邊）

《何考》：「牛仙客於二十四年秋調任朔方，此敕最遲當在本年十月以後。」

《敕瀚海軍使蓋嘉運書》（突騎施凶逆）

敕云：「突騎施凶逆，犯我邊陲，自夏以來，圍逼疏勒……將士效節，

逆虜破傷，已不敢攻圍，而頓兵不去。」《敕河西節度副大使牛仙客書》亦云：「疏勒雖解，邊城見侵，雖無如我何，亦爲邊所患。」兩敕當同時也。此敕囑蓋嘉運「簡練驍武，揚聲大入。」與前敕囑牛仙客「大張威勢，遠使震慴」用意亦同。敕又云：「冬中甚冷」，當在本年十月以後。從《何考》繫二十三年。

《敕四鎮節度王斛斯書》（萬里懸軍）

此敕當是王斛斯「萬里懸軍」，與突騎施入侵之敵激戰之後所發之敕，大意不外慰問傷亡將士及賞賜立功者。敕云：「賊等請和，仍尚頓兵北嶺。」與《敕蓋嘉運書》所謂「已不敢攻圍，而頓兵不去。」相符。當作於同時。敕又云：「冬中極寒」，似當在十一二月間。從《何考》繫二十三年。

《敕四鎮節度王斛斯書》（蘇祿忘我大惠）

《何考》開元二十三年：「敕云：『朕已敕河西節度牛仙客，令河西於諸軍州及在近諸軍，簡練驍健五千人，並十八年應替兵募五千四百八十人，即相續發遣。』按敕河西節度副大使牛仙客書云：『卿可於河西諸軍州揀練驍雄五千人，即赴安西，受王斛斯分部；朕當發遣十八年安西應替五千四百八十人與彼相續，足得成師。』此敕當在敕牛仙客書之後。又云：『冬中甚寒』，似當在十一月。」

《敕安西節度王斛斯書》（累得卿表）

敕云：「近已敕牛仙客且送五千人，其餘驍勇亦即繼發。」大抵當時安西請兵甚急，屢與朝廷上表，朝廷「累得卿表」，亦屢與敕書。敕又云：「知賊等肆惡，經冬不去」，「冬中甚寒」，似當在本年十一二月間。從《何考》繫二十三年。

《敕天山軍使張待賓書》（近知賊下燒屯）

《敕北庭都護蓋嘉運書》言：「且蘇祿猖狂，方擬肆惡邊城，經冬不去，西州近復燒屯，亦有殺傷，想所聞也。此賊諸頭抄掠，虜眾已疲，亦無能爲，正可取便。至如西州，近者有賊，其數無多，烽候若明，密與兩軍作號，首尾邀擊，立可誅翦。何爲當軍自守，信賊公行，來有損傷，去無關鍵，豈是邊鎮之意也？且西庭雖無節度，受委固是一家，有賊共除，有患相救，萬里之外，何待奏聞？」與此敕意同。敕言「蘇祿猖狂」，當在二十三年秋後；此敕言「冬中甚

寒」，必作於開元二十三年十一月左右。

《西幸改期請宣付史館狀》

《何考》開元二十三年：「按本年十月幸西京敕云：『宜以來年正月
七日取南路幸西京。』此狀云：『右臣今日面奉進止，西幸有日，般
運已去；仍聞京畿百姓猶有未安，倘來歲非熟，下人無向，朕雖至
彼，復有何情，欲延期至來冬，待有穀麥，卿等商度，以爲何如？……
臣望宣聖旨，改用來年十月幸西京。』《冊府元龜》卷一一三帝王部
巡幸二云：二十四年正月敕：『前議西幸，屬歲不登，關輔之間，且
欲無擾。今稼漸熟，漕運復多。而陵寢久違，蒸嘗永感。農隙順動，
得非其時？前取今年十月幸西京者，以其月三日發東都取南路。』
大抵本年底正在準備行幸之際，忽議延期。玄宗從公所奏，改至明
年十月，至廿四年正月始正式發敕也。」

《敕磧西支度等使章仇兼瓊書》

敕云：「西庭既無節度。」西庭，即北庭。開元二十二年四月，誅北
庭都護劉渙；文應作於此後；開元二十四年正月，北庭都護蓋嘉運
率兵擊突騎施，破之（《舊紀》）。敕既云西庭「無節度」，應作於二
十四年正月前。敕云：「冬寒」，故此敕最遲爲開元二十三年冬作。

《賀雪狀》（自冬少雪）

《何考》開元二十四年：「狀云：『自冬少雪，粟麥未滋。』按公明
年四月貶荊州，此狀至遲當在本年冬。」按：狀明言：「歲律向終，
農候方近。」，故移至二十三年末。

《賀祥雲見狀》

狀云：「臣等伏見道門威儀司馬秀表稱，今月十日夜，陛下親臨同明
殿道場。」

按：《集古錄》卷六：「《唐石臺〈道德經〉》：右老子《道德經》，唐
玄宗注。開元二十三年，道門威儀司馬秀等，請於兩京及天下應修
官齋等州，皆立古臺刊勒其經文，御書其注，皆諸工所書。此本在
懷州」（亦見《文忠集》一百三十九）。《寶刻叢編》卷六錄《集古錄》
作開元二十四年。司馬秀供奉禁中約在二十三年，《元龜》卷五三《帝
王部・尚黃老》：「（開元）二十四年八月庚午，都城道士於龍興觀發
揚御書《道德經》，上表請降。中夜，親王、宰相及朝官行香並獻疏

食，許之。」《玉海》卷二十八亦及之。龍興觀，東西兩京皆有，此言「都城」，當在東都。司馬秀等在同明殿作道場似應在此前。暫移置開元二十三年。

《謝赴祥除狀》

狀云：「假以傳乘，暫赴來月，道路往復，不出數旬。」張九齡開元二十一年秋其母喪，至二十三年冬十月即當「大祥」除服，此狀為欲回韶州辭祥所上狀也。《何考》繫二十四年春，不妥，恐應在上年秋冬間。從《楊譜》移繫二十三年。

唐玄宗開元二十四年（公元 736）丙子

五十九歲。

在金紫光祿大夫守中書令集賢院學士知院事兼修國史任。

《敕北庭都護蓋嘉運書》（近得卿表）

敕云：「近得卿表，知舊疾發動……且蘇祿猖狂，方擬肆惡邊城，經冬不去。」突騎施寇撥換城在二十三年冬十月，《舊紀》：開元「二十四年正月，北庭都護蓋嘉運率兵擊突騎施，破之。」《何考》云：「此敕當在破突騎施以前也。」敕又云：「春首餘寒」，當在二十四年正月初。

《敕瀚海軍使蓋嘉運書》

敕云：「比王尚客至，聞已出師，窮冬絕漠，荷戈冒險；又聞有所擒獲，張我國威。」當在蓋嘉運二十四年正月破突騎施之後。又云：「春初餘寒」，似仍草於正月。

《賀蓋嘉運破賊狀》

《敕瀚海軍使蓋嘉運（及將士以下）書》云：「比王尚客至，聞已出師。窮冬絕漠，荷戈冒險，又聞有所擒獲。……人當優賞，宜具實狀，一一以聞。……春初餘寒，卿及將士已下，並平安好。」《新紀》：開元「二十四年正月丙午，北庭都護蓋嘉運及突騎施戰，敗之」（《舊紀》略同）。《何考》繫二十四年，是。

《賀北庭解圍仍有殺獲狀》

突騎施蘇祿犯安西北庭在開元二十三年夏以後（《敕瀚海軍使蓋嘉運書》），《敕北庭都護蓋嘉運書》云：「蘇祿猖狂，方擬肆惡邊城，經

冬不去。」《賀蓋嘉運破賊狀》云:「且凶黨大眾,見在邊城,方擬經春,圖爲邊患。」二十三年冬北庭圍似仍未解。解圍當在來年春正月蓋嘉運破突騎施之後。《何考》繫開元二十四年,從之。

《賀賊蘇祿遁走狀》

蘇祿圍困四鎮經年,未大挫而自動撤兵,其時當在二十四年春正月蓋嘉運敗之之後。《元龜》卷九七五:二十四年「八月甲寅,突騎施遣大首領胡祿達干來求和,許之」(卷九百八十略同)。《新紀》:開元二十四年「八月甲寅,突騎施請和。」蘇祿遁走當在此前。《何考》繫開元二十四年,從之。

《敕安西節度王斛斯書》(狂賊經冬)

敕云:「朱仁惠竟致淪亡,良可悼惜。」查去年冬《敕四鎮節度王斛斯書》云:「又聞朱仁惠中箭,今復何似?須善救療,使得不狙。」蓋因傷致死也。敕云:「張義之將兵若至,河西北庭兵又大集,滅胡之舉,亦在今時。」查去年敕牛仙客書令於河西諸軍州揀練驍雄五千人,即赴安西,受王斛斯部分。敕瀚海軍使蓋嘉運書又云:「張義之等人據此城,屢與之鬥;將士效節,逆虜破傷,已不敢攻圍。卿可簡練驍武,揚聲大入。」所詔河西北庭兵大集,蓋指此也。王斛斯爲安西四鎮節度副大使、安西副大都護在開元二十一年(《英華》卷三九七孫逖《授王斛斯太僕卿制》)。伊西北庭隸安西在二十三年。《舊紀》:開元二十三年|冬十月辛亥,移隸伊西北庭都護屬(安西)四鎮節度。」敕言「初春尚寒」,從《何考》繫開元二十四年春正月。

《敕吐蕃贊普書》(自與彼蕃連姻)

此敕仍是爭論南蠻事,蓋玄宗自開元十七年二月丁卯巂州都督張審素攻破蠻拔昆明城及鹽城後(《舊紀》),便銳意經營姚、巂,更利用蒙歸義征服吐蕃毗連地帶之叛蠻(《新書·南蠻傳》)。吐蕃認爲是重大威脅,屢提抗議,故自去春以來,連發三敕以曉喻之也。此敕云:「且如小勃律國歸朝,即是國家百姓,前遭彼侵伐,乃是違約之萌。」《舊書》卷一九六上吐蕃傳云:「其年(二十四年)吐蕃西擊勃律,遣使來告急。上使報吐蕃,令其罷兵。吐蕃不受詔,遂攻破勃律國,上甚怒之。」此事亦爲唐與吐蕃決裂之導火線。敕云:「近令勒兵數萬,繼赴安西。」事詳去年秋冬敕牛仙客之兩書。敕末云:「春首尚

寒」，當在二十四年正月間也。從《何考》繫本年。

《敕平盧使烏知義書》

敕云：「突厥去歲東侵，已大不利，志在報復，行必再來。」蓋指涅禮破突厥事也。敕云：「契丹及奚，一心歸我，不有將護，豈云王略？……渤海黑水近復歸國，亦委卿節度，想所知之。」自開元以後平盧節度使兼押兩蕃渤海黑水四府經略使，其事當起於此。敕云：「春初尚寒」，疑在正月間也。

《敕突厥可汗書》（朕與先可汗）

敕云：「兒去年東討，雖有先言，然兩蕃既歸國家，亦即不合侵伐。」《論東北軍未可輕動狀》云：「昨李佺使回，虜亦具云東下。」李佺使突厥，爲弔毗伽可汗，在開元二十三年春，奚、契丹兩蕃歸國，亦在其時。敕又言：「安西、瀚海近已加兵，欲以滅之」，指從河西等處所調之兵，時亦在二十三年冬末或次年春初。敕言：「春寶尚寒」，當爲開元二十四年春中。《何考》亦繫此年。

《敕處分縣令》

《冊府》卷一五八帝王部誡勵三云：「（開元）二十四年二月，宴新授縣令於朝堂，敕之曰：……並製《令長新誡》一篇，頒賜天下縣令。」敕與集同，略。《通鑑》卷二一四云：「二十四年二月甲寅，宴新除縣令於朝堂，作《令長新誡》一篇，賜天下縣令。」《寶刻叢編》卷四：「唐《令長新誡》：開元二十四年二月五日諸道石刻錄。」

《敕令禮部掌貢人》

四庫本《大詔令》一百六此文末注：「開元□年。」年數佚。中華本、學林本作「開元三年四月一日。」《會要》卷五九《禮部侍郎》：「開元二十四年三月十二日，以考功員外郎李昂爲舉人所訟，乃下詔曰云云。」《元龜》六三九：「（開元）二十四年三月制曰云云。」《舊紀》開元二十四年「三月乙未，始移考功貢舉，遣禮部侍郎掌聲之。」《新書·選舉志》下：開元「二十四年，考功員外郎李昂爲舉人詆訶，帝以員外郎望輕，遂移貢舉於禮部以侍郎主之，禮部選士自此始。」《大詔令》等誤，《何考》繫本年，是。《舊紀》作「三月乙未」，《通鑑》作三月壬辰，《會要》作三月十二日，本年三月辛巳朔，壬辰爲十二日，乙未爲十五日。

《敕北庭經略使蓋嘉運書》（安西去年屢有攻戰）

敕文言及「安西去年屢有攻戰，醜虜肆惡，懸軍可憂。卿深識事宜，以時救援。先聲既振，後殿載揚。凶黨聞之，卷甲而遁，使我邊鎮，且得休息。」突騎施寇撥換城在二十三年十月，蓋嘉運敗之，在二十四年正月。敕言「先聲既振，後殿載揚。」又言「春晚」，《何考》據以置開元二十四年三月，從之。

《敕諸國王葉護城使等書》

此敕言：「突騎施不道，連年作寇，使我邊鎮常以爲虞。諸處攻圍，所在堅守，能伺其隙，各有誅夷。比卿等赤誠，臨事效節，使妖不勝德，氛祲自消。」《何考》謂：「發敕當在蓋嘉運破突騎施之後。敕云『春暄』，疑在三月間也。」從之繫開元二十四年。

《敕吐蕃贊普書》（此使前至之日）

敕云：「此使前至之日，具知彼意。」《舊紀》云：「二十四年春正月，吐蕃遣使獻方物。」本年春首敕云：「今使內常恃實元禮遣書，指不多及。」當在使至之前。此敕云：「實元禮中間所云，亦已備論。」又云：「所有諸事，皆具前書。」蓋吐蕃遣使來朝之前，實元禮尚未到，故此敕只將前敕大意略論而已。敕云：「春晚漸熱」，當在三月底也。從《何考》繫開元二十四年。

《敕金城公主書》（歲月流易）

敕云：「所請授官及內人品第，既久在彼，誠亦可矜，當續有處分。」《敕吐蕃贊普書》（此使前至之日）亦云：「公主所請與人官及內人品第，即當續有處分。」二敕所言同，發敕之時均爲「春晚」，兩敕蓋同時發者也。從《何考》繫本年春三月。

《謝兩弟授官狀》

《何考》：「狀云：『右伏奉昨二十日恩命授臣弟九皋殿中丞九章太子司議郎。』《文苑英華》卷八九九《殿中監張九皋碑》云：『服闋，除殿中丞。』當在此時。狀云：『日月逾邁，禮及外除』御批云：『既終祥縞，宜列朝衣』。均可證也。」九齡居母喪約在二十一年中，至二十四年服除。從之繫開元二十四年。

《謝賜衣物狀》

狀云：「臣不孝苟存，企及制禮，天恩以忝樞近，賜問再臨。」御批

云：「籍卿政事，頃在縲絏，今禮制已過，服用茲始。」「禮制」，均指三年守孝之禮，《何考》謂「當在服闋之後。」從之。

弟九皋起復拜殿中丞，上《謝弟授官狀》以謝聖恩

狀云：「拔臣以無能，受任歲月漸久，涓埃無益，取招毀議，有累聖明。」《編年史》開元二十一年十二月：「張九齡弟九皋起復拜殿中丞，祖詠時在長安，有詩贈之。」下即引《全詩》卷一三一祖詠《扈從御宿池》：「君王既巡狩，輦道入秦京……寒疏清禁漏，夜警羽林兵。」題下注：「一本題作《蘭峰題張中丞九皋》。」《英華》卷二五○正題作《蘭峰題贈張中丞九皋》。編者「疑詩題『張中丞』爲『殿中張丞』之奪倒。」此有二誤。1、張九齡及二弟丁母憂，九齡奪情，二弟尚在家守制，《讓兩弟起復授官狀》附《御批》云：「朕意欲登賢，俱在朝列，而尚居哀紀，願留主祭，可以理奪，用允所求，待至祥縞，非無後命。」《英華》卷八九九《殿中監張九皋碑》云：「服闋，除殿中丞，又遷尚書職方郎中。」玄宗言「待至祥縞」，碑言「服闋」，非未終制即授官。2、祖詠詩明言「君王既巡狩，輦道入秦京。」是寫於由東京入西京途中。故應寫於開元二十四年冬十月，而非二十一年十二月。

《何考》開元二十四年：「公謝狀疑上於九皋遷職方郎中時。」繫二十四年，是；謂遷職方時，則非。正常遷轉，不用九齡謝。

《敕幽州節度張守珪書》（頃者撫慰降虜）

敕及安祿山輕進敗恤事，則書時應在開元二十四年，書又言「春後漸熱」，較下《敕平盧使烏知義書》書時稍前，《通鑑》開元二十四年謂「夏四月辛亥，張守珪奏請斬之」，辛亥爲四月二日。下《敕幽州節度張守珪書》（昨史思明往）言「宜其就誅」，則下敕是對張守珪二日表的回覆。時玄宗在東都洛陽，范陽至洛陽一千四、五百里，快驛約爲五日程。故下書約作於四月七日前後。十二日前後便可達范陽。故張守珪對安祿山行刑當在十二日前後。此中應有張守珪再表請玄宗讓祿山戴罪立功一表，應在本月十七、八日以前到達洛陽，此敕是表示同意讓安祿山「白衣將領」，則是對張守珪第二表的回應，當作於開元二十四年四月二十日前後。《何考》亦繫本年。

《敕幽州節度張守珪書》（昨史思明往）

　　此敕與上敕並前後作。此敕時應在前。二敕均言安祿山失律事，此言「宜其就誅」，上言「論其輕敵，合加重罪，然即初聞勇鬥，亦有誅殺；又寇戎未滅，軍令從權，故不以一敗棄之，將欲收其後效也。不行薄責，又無所懲，宜停舊官，令白衣將領。」當時情況可能是，張守珪上奏祿山失律當斬，玄宗下此敕批准執行；祿山臨刑大呼，感動張守珪，於是再奏，且將祿山押解至京，請玄宗自裁。玄宗又下此敕同意赦免其失律之罪，「令白衣將領」（參《通鑒》卷二百十四）。故敕文當作於開元二十四年四月八日前後。《何考》亦繫本年。

《敕平盧諸將士書》（兩蕃殘賊）

　　敕云：「近日安祿山無謀，率爾輕敵，馳突不顧，遂損師徒。擇將非良，傷人已甚，事雖既往，義實疚懷……安祿山之誅，緣輕敵太過。勿因此畏懦，致失後圖。」此敕當在張守珪奏斬祿山之後，敕末云：「夏初漸熱」，當在本年四月間也。

《敕平盧使烏知義書》（委卿重鎮）

　　敕云：「安祿山輕突，挫我軍威……一朝損失，雖悔何及？」又云：「夏初漸熱」。當在本年四月間。

《敕新羅王興光書》（彼歲使來朝貢）

　　敕云：「彼處使來，累有物故，水土不習，飲食異宜，奄忽為災，遂至不救。」卷八《敕新羅王金興光書》：「一昨金志廉等到，緣事緒未及還期，忽嬰疹疾，遽令救療，而不幸殂逝，相次數人。言念殊鄉，載深軫悼！」卷九《敕新羅王金興光書》：「賀正使金義質及祖榮，相次永逝。念其遠勞，情以傷憫！」《元龜》九七五外臣部褒異三云：「二十三年閏十一月壬辰新羅王遣從弟大阿飡金相（《會要》卷九五作「大可食金忠相」）來朝，死於路，帝深悼之，贈衛尉卿。」所謂來使累有物故，當指此也。敕末云：「夏初漸熱」，當在開元二十四年夏四月間。《何考》亦繫本年。

《敕渤海王大武藝書》（卿往者誤計）

　　《元龜》卷九七五：（開元）「二十四年三月乙酉，渤海靺鞨王遣其弟蕃來朝，授太子舍人員外，賜帛三十匹放還蕃。」卷九七一卻於二十三年下記「三月……渤海靺鞨王遣其弟蕃來朝。」不及賜官事。

此事兩唐書亦不見載。疑二十三年爲另一事，見前考。敕言「夏初漸熱」，意此敕當是對三月使來的回覆，應作於開元二十四（736）年四月。《何考》亦繫二十四年。

《賀昭陵徵應狀》

狀云：「妖賊劉志誠，四日從咸陽北原向南，見昭陵山上有黑雲忽起……及至便橋之際，並即走散。」《舊紀》：開元二十四年「夏六月丙午，京兆醴泉妖人劉志誠率眾爲亂，將趨京師。咸陽官吏燒便橋以斷其路。俄而散走。京兆府盡擒斬之。」按：二十四年夏六月己酉朔，無丙午日；《新紀》、《通鑑》卷二一四均作五月，五月庚辰朔，丙午爲二十七日，與九齡此文言「四日」不符。本年七月戊寅朔，五日爲壬午，「丙午」似爲「壬午」之誤。若是，則六月應爲七月。

《敕幽州節度張守珪書》（趙堪至）

敕言「頃者緣卿大朝」，又言「節制暫闕，二虜乘隙，相繼叛亡」，更言及「裨將無謀，輕兵遣襲，遂有輸失」等事。張守珪大朝在開元二十三年春，安祿山等輕進敗恤事在二十四年春末（並見《舊紀》）。敕言「夏末極熱」，故當作於開元二十四年六月。《何考》亦繫二十四年。

《敕安西節度王斛斯書》（得卿表並大食）

敕云：「得卿表並大食東面將軍呼邏散訶密表，具知卿使張舒耀計會兵馬回……且突騎施負恩爲天所棄，訶密若能助國破此寇仇，錄其遠勞，即合優賞。」唐欲聯絡大食以制突騎施，史無記載。事當在突騎施攻安西撥換城以後。敕末云：「時暑」，似當在開元二十四年盛夏。

《敕安西節度王斛斯書》（朕雖居九重）

敕云：「去歲因有狂賊在彼，屢有戰亡。」蓋指蘇祿圍困安西也。又云：「兼聞吐蕃與此賊計會。」則本年春《敕吐蕃贊普書》已言之矣。此敕之作，約是王斛斯收到上敕，又覆一表，此敕是對其表之回覆，敕末云：「夏晚毒熱」，則作於六月明矣。從《何考》繫開元二十四年。

《白羽扇賦》

序云：「開元二十四年盛暑奉敕使大將軍高力士賜宰臣白羽扇，九齡與焉。」當在本年六月間。

《敕突厥可汗書》（比來和市）

此敕所爭論者爲馬價事。按《舊唐書》一九四上《突厥傳》云：「十五年小殺使其大臣梅錄啜來朝，獻名馬三十匹。時吐蕃與小殺書，將計議同時入寇。小殺並獻其書，上嘉其誠，引梅錄啜宴於紫宸殿，厚加賞賚。仍許於朔方軍西受降城爲互市之所。每年齎縑帛數十萬匹，就邊以遺之。」唐與突厥市馬當始於此。敕云：「去歲以兒初立，欲相優賞……哥解骨支去日，丁寧不息。」《元龜》卷九七一外臣部·朝貢四云：「二十三年正月突厥哥解骨支車鼻施頡斤來朝。」毗伽可汗既卒於廿二年冬十二月，新可汗伊然即位亦當在其時。哥解骨支車鼻施頡斤來朝在正月初，其去日亦在正月。敕末云：「夏末甚熱」，似應在二十三年六月間也。《何考》疑此敕發於二十四年，不從。

秋八月壬子千秋節，向玄宗上《千秋金鏡錄》

《進千秋節金鏡錄表》：「臣敢緣此義，謹於生辰節上《事鑒》十章，分爲五卷，名曰：《千秋金鏡錄》。」

《通鑒》卷二一四：開元二十四年「秋八月壬子千秋節，羣臣皆獻寶鏡。張九齡以爲，以鏡自照見形容，以人自照見吉凶，乃述前世興廢之源，爲書五卷，謂之《千秋金鏡錄》上之。上賜書褒美。」

《敕突騎施可汗書》

《何考》：「敕云：『故闕俟斤入朝，行至北庭有隙，因此計議，即起異心。何羯達所言，即是彼人自告。蹤跡巳露，然始行誅。邊頭事宜，未是全失。朕以擅殺彼使，兼爲罪責北庭，破劉渙之家，仍傳首於彼。』《舊唐書》八玄宗紀：『二十二年四月甲寅，北庭都護劉渙謀反伏誅。』《冊府元龜》卷九七五外臣部褒異三：『二十二年六月乙卯，突騎施遣其大首領何羯達來朝授鎮副，賜緋袍銀帶及帛四十疋，留宿衛。』此敕當在其後。敕又云：『又可汗正爲寇，敗闕伊難如從戎界過蔥嶺，捕獲並物奏米。所有蕃書具言物數，朕皆送還贊普，其中一物不留。』查二十三年春《敕吐蕃贊普書》亦云：『所送金銀諸物及偷盜人等，並付悉諾勃藏卻將還彼。』此敕當在敕吐蕃贊普之後。敕又云：『觀可汗求和之意，似未有眞心。』《冊府元

龜》卷九七五褒異三云:『二十四年八月甲寅,突騎施遣大首領胡祿達干來求和,許之。宴於內殿,授右金吾將軍員外置,賜錦衣一副,帛及彩一百疋,放還蕃』(亦見《通鑑》卷二一四)。此敕當發於胡祿達干還蕃之時。敕又云:『秋中漸冷』,當在八月間也。」

《貶韓朝宗洪州刺史制》

《元龜》卷九二九《總錄部‧謬舉》云:「玄宗開元二十四年九月,鄧州南陽縣令李泳擅興賦役,貶爲康州都城縣尉。泳之爲令也,朝宗所薦,乃貶爲洪州刺史。」下即錄此制。從《何考》。

《敕幽州節度張守珪書》(張奉高下叛奚)

敕云:「叛奚自取殲滅……叛亡相繼;及師徒追下,皆就誅夷。……安祿山、楊景暉湔雪前恥,亦云效命,鋒鏑之下,備致損傷,言念忠誠,豈忘加獎?」當在赦免安祿山之後。敕云:「秋深木落」,則應在本年秋末。

《敕吐蕃贊普書》(朕與彼國)

《何考》:「此敕大意責備吐蕃與突騎施通婚姻及莽布支將兵西向,措辭嚴厲。此實爲二十六年後兩國絕交之導火線。敕云『秋晚稍冷』,當在九月間。」

《敕金城公主書》(數有來使)

此敕與上《敕吐蕃贊普書》同時。末云「秋冷」,當在九月間。

《敕吐蕃贊普書》(此亦覺彼事勢有異):

此敕責備吐蕃莽布支率眾侵軼軍鎮,踐暴屯田及與突騎施通好,大意與前敕同。末云:「秋冷,贊普、公主及平章事並平安好。」似當在本年九月末。

《敕突厥可汗書》(道路既遠)

敕云:「道路既遠,使命復稀,近日已來,音信斷絕,朕每多懸念,想所知之……蘇農賀勒處刺達干等去歲將馬,其數倍多……兼屬國家大禮,並放天下租庸。」「蘇農賀勒處刺達干等去歲將馬,其數倍多」,事在二十三年;「國家大禮,並放天下租庸。」亦在二十三年正月。敕言「道路既遠,使命復稀,近日已來,音信斷絕」,當離上敕應有較長一段時間。既謂「去年」,又云:「秋氣漸冷」,爲開元二十四年八九月間明矣。從《何考》。

《敕西州都督張待賓書》（吐蕃背約）

　　敕云：「吐蕃背約，入我西鎮，觀其動眾，是不徒然，必與突厥施表裏相應。」此當指吐蕃將莽布支之侵軼而言也。前《敕吐蕃贊普書》（此亦覺彼事勢有異）即言及此事，敕云「秋冷」，當與《敕吐蕃贊普書》同作於開元二十四年秋末。從《何考》。

《敕安西節度王斛斯書》（卿在西鎮）

　　敕云：「今授卿重職，兼彼領護，且復褒進，終爲後圖。」查《英華》卷二九七孫逖《授王斛斯太僕卿制》云：「頃膺邊寄，頗洽人心。間歲以來，頻有騷警，能清寇虐，不頓甲兵，契軍國之遠圖，得攻拒之良術……可太僕卿員外置同正員，兼安西都護等如故。」蓋突騎施雖於本年八月甲寅遣其大臣胡祿達干來降，只是緩兵之計；同時吐蕃莽布支又復西行，侵軼軍鎮，故特論功行賞，以勵士氣。敕末云：「秋後漸冷」，疑在十月初也。

《敕北庭經略使蓋嘉運書》（卿久在邊鎮）

　　敕云：「今授卿雄要。」指授予金吾將軍兼北庭都護（《英華》四〇二）。敕云：「突騎施雖請和好，其意不眞。」就胡祿達干（一作於）來請降而言也。敕末云：「秋後漸冷」，當在九十月間。《何考》繫開元二十四年，從之。

《敕瀚海軍使蓋嘉運書》（蘇祿反虜）

　　敕言「今賊雖請和，恃我張勢，以防大食之下，以鎮雜虜之心。豈是眞情，此其奸數。」、「初冬漸寒」，突騎施蘇祿請和在開元二十四年秋八月（《元龜》卷一百十、卷九百八十、《玉海》卷一五四），則此書作於稍後的十月，從《何考》。

前敕來年二月幸西京，會宮中有怪，明日召宰相即議西還，九齡以農收未舉，請俟仲冬。玄宗因聽李林甫鼓動，遂即日西行。

　　《通鑑》卷二一四：「二十四年冬十月戊申車駕發東都。先是敕以來年二月二日行幸西京，會宮中有怪，明日上召宰相即議西還：裴耀卿、張九齡曰：『今農收未舉，請俟仲冬。』李林甫潛知上意，二相退，林甫獨留，言於上曰：『長安洛陽，陛下東西宮耳。往來行幸，更何擇時？借使妨於農收，但應蠲所過租稅而已。臣請宣示百司，即日西行。』上悅，從之。」

《奉和聖製初出洛城》

《何考》繫此詩開元二十四年冬十月，劉注從其說。從九齡「東土淹龍駕」、「十月回星斗」等語看，玄宗在駐蹕洛陽時間很長。據《舊紀》，玄宗二十二年春正月幸東都，二十四年「冬十月戊申，車駕發東都還西京。」前後近三年。詩、史相符，從之。

《奉和聖製次瓊岳韻（頓）》

《英華》一七一收九齡本詩及李林甫、韋濟同題作，題爲《奉和聖製次玉岳頓應制》。《何考》及《劉注》均置此詩開元二十四年十月侍從玄宗從東都西還京師時所作，從時爲恒州刺史的韋濟同和這一點看，是。濟當是開元二十二年薦張果後隨張果入侍的。李林甫《奉和聖製次瓊岳頓》云：「東幸從人望，西巡順物回。雲收二華出，天轉五星來。十月農初罷，三驅禮復開。更看瓊岳上，佳氣接神臺。」明言「東幸」「西巡」，又言「十月農初罷」，當指開元二十四年十月侍從玄宗從東都西還京師。瓊岳：即瓊岳宮；隋大業四年置，本名敷水宮，貞觀六年，更名華陰宮，顯慶三年再改名爲瓊岳宮。入唐爲行宮之一，在華陰縣西十八里（《太平寰宇記》二九、《陝西通志》七二）。

《奉和聖製溫泉歌》

詩云：「今茲十月自東歸，羽旆逶迤上翠微。」《何考》開元二十四年：「按玄宗自本年十月還京後，不復幸東都，至遲當作本年冬。」《編年考》繫此詩開元十五年，謂：「玄宗西歸長安，行至驪山溫泉宮，作《溫泉歌》，張九齡有和作。」九齡時在洪州，不得與玄宗唱和。當爲二十四年作。顧建國亦言其誤。

《奉和聖製送李尚書入蜀》

《舊唐書》卷一八五下李尚隱傳云：「二十四年拜戶部尚書東都留守。」《新唐書》卷一三○《李尚隱傳》云：「（陳）思問流死嶺南，改尚隱太子詹事，不閱旬進戶部尚書，前後更揚、益二州長史，東都留守。」《英華》卷四五一《授李尚隱戶部尚書益州長史劍南節度採訪使制》稱：「銀青光祿大夫守太子詹事上柱國高巴縣開國子李尚隱。」《何考》開元二十四年：「此詩疑作於本年。」《嚴表》開元二十三年閏十一月至次年七月二十三李林甫爲戶尚，李林甫轉兵尚，李尚隱接戶尚。《編年史》開元二十三年據《舊紀》陳思問流死嶺南

在開元二十二年冬十月，故斷「尚隱入蜀當在本年。」似僅憑推斷。

《敕突厥可汗書》（內侍趙惠琮從彼還）

敕言：「內侍趙惠琮從彼還，一一口具，深慰遠懷。」趙惠琮使突厥在開元二十四年八九月間，見上《敕突厥可汗書》（道路既遠）。敕又言「冬中極寒」，故最遲當作於本年十一月前後。

《賀皇太子製碑狀》

狀云：「右尹鳳祥宣聖旨示臣等皇太子所製王尊師碑文，並壽王書。」此皇太子，當指瑛。初名嗣謙，開元三年立為皇太子。十三年三月，改名鴻。二十三年七月，改名瑛。二十五年夏四月甲子，九齡貶荊州，乙丑，皇太子瑛、鄂王瑤、光王琚並廢為庶人。開元十三年「三月甲午……第十八男清封為壽王」（《舊紀》）。「二十三年，加開府儀同三司，改名瑁」（《舊傳》）。《王右丞集》卷十四有《送王尊師歸蜀中拜掃》，王維所送者或即其人。御批云：「卿在左右，因以呈示。」則當在公為相間，暫置二十四年。

諫官牛仙客尚書及賜實封

開元二十四年，朔方節度牛仙客，前在河西，能節用度，勤職業，實倉庫，修器械，玄宗嘉之，欲加尚書。張九齡對曰不可；又欲加其實封，仍言不可：說若賞其勤，賜之金帛可也。裂土封之，恐非其宜。玄宗默然。李林甫言九齡書生，不達大體。封其尚書，有何不可？上悅。明日復以仙客實封為言，九齡固執如初。上怒變色曰：「事皆由卿邪？」九齡頓首謝曰：「仙客遊隅小吏，目不知書，若大任之，恐不愜眾望。」玄宗在李林甫慫恿下，於十一月戊戌，賜仙客爵隴西縣公，食封三百戶（《通鑑》卷二一四及新舊唐書本傳、李林甫傳）。《何考》據以繫開元二十四年，從之。

諫廢太子

徐碑云：「范陽節度薛王奏前太子索甲二千領，上極震怒，謂其不臣。顧問於公曰：『子弄父兵，罪當笞。況元良國本，豈可動搖？』上因涕泣，遂寢其奏。武惠妃離間儲君，將立其子，使中謁者私於公曰：『若有廢也，必將興焉！』公遂叱之曰：『宮闈之言，何得輒出？』」《新唐書》記此事云：「故卒九齡相，而太子無患」（關於諫廢三王

事，可參看《舊唐書‧太子瑛傳》，新舊《唐書‧李林甫傳》)。《通鑒》卷二一四將此事排在諫封牛仙客後，張九齡罷相前，今從《何考》暫繫開元二十四年。

十一月二十七日，充右丞相罷知政事

《舊紀》：「開元二十四年十一月壬寅，侍中裴耀卿爲尚書左丞相，中書令張九齡爲尚書右丞相，並罷知政事。兵部尚書李林甫兼中書令，殿中監牛仙客兵部尚書、同中書門下三品。尚書右丞相蕭嵩爲太子太師，工部尚書韓休爲太子少保。」九齡罷中書令，又見《曲江集》附錄《充右丞相制》。

《謝賜尺詩狀》

《何考》開元二十四年：「御批云：『尺之爲數，陰陽象之；宰臣匠物，有以似之。』疑在罷相之前。」從九齡狀中語氣，似在罷中書令後，貶荊州前。暫從之繫本年末。

《庭梅詠》

《何考》開元二十四年：「詩云：『朝雪那相拓，陰風已屢吹。』似諷『同儕見嫉，內寵潛構。』疑在罷相之後。」《劉注》：「此詩當是開元二十六年春守荊州長史時所作。何格恩《編年考》繫於開元二十四年罷相後作，恐非是。蓋詩中有『馨香雖尚爾，飄蕩復誰知。』二句非在朝之言，當是出守荊州之感慨。今不從何說。」按：《何考》「疑爲罷相後作。」所疑甚是。「孤榮亦自危」，尚未危及獨榮之身也；「朝雪那相妒，陰風已屢吹」，謂有人暗中屢佈流言中傷也。貶荊州是其結果，故詩應作於貶前。

唐玄宗開元二十五年（公元737）丁丑

六十歲。

在金紫光祿大夫尚書右丞相任。

《詠燕》

鄭處誨《明皇雜錄》卷下：「張九齡在相位，有謇諤匪躬之誠。明皇既在位年深，稍怠庶政，每見帝，無不極言得失。林甫時方同列，聞帝意，陰欲中之。時欲加朔方節度使牛仙客實封，九齡因稱其不

可，甚不叶帝旨。他日，林甫請見，屢陳九齡頗懷誹謗。於時方秋，帝命高力士持白羽扇以賜，將寄意焉。九齡惶恐，因作賦以獻。又爲《燕詩》以貽林甫。其詩曰：『海燕何微眇……』林甫覽之，知其必退，恚怒稍解。」《何考》開元二十五年：「似當在罷相之後，疑爲本年春之作。」從之。

《敕賜寧王池宴》

《何考》謂此詩至遲作於開元二十五年春。《劉注》從其說。寧王，名憲，本名成器，睿宗之長子，玄宗之兄。《舊唐書》本傳：「（開元）四年，避昭成皇后尊號，改名憲，封爲寧王。」「二十五年正月壬午制曰：『百司，每旬節休假，並不須親職事，任追勝爲樂，宣示中外，知朕意焉。』」詩言「徒參和鼎地」，應是爲相期間所作。

《驪山下逍遙公舊居遊集》

《何考》開元二十五年：「《王右丞集》卷十九《暮春太師左右丞相諸公於韋氏逍遙谷燕集序》云：『時則有若太子太師徐國公、左丞相稷山公、右丞相始興公、少師宜陽公、少保崔公、特進鄧公、吏部尚書武都公、禮部尚書杜公、賓客王公，繡衣方領，垂瑞珥筆，詔有不名，命無下拜。』此詩當作於本年暮春。」《劉注》從之。逍遙公，韋嗣立。《舊唐書》本傳：「嗣立……嘗於驪山構營別業，中宗親往幸焉……因封嗣立爲逍遙公，名其所居爲清虛原幽棲谷。」

《鷹鶻圖贊序》

《何考》開元二十五年：「《冊府元龜》卷九七一外臣部‧朝貢四云：『開元二十五年四月渤海遣其臣公伯計來獻鷹鶻。』序疑撰於本年。」按：事又見同書卷九七五：「（開元二十五年）四月丁未，渤海遣其臣公伯計來獻鷹鶻。授將軍，放還蕃。」本年四月乙巳朔，丁未爲三日，九齡本月甲子（十八日）貶荊州。其所序雖爲工人所繪之圖，然圖繪於丁未至甲子間是可能的。序言：「然於羽族之中，絕有豪傑之表，氣感剛悍，體侔鈷鋒，顧視之間，燀如也。夫受以勁翮，意不群飛，資其利咀，義在鮮食，生有自然之權，用無可抑之勢。……委質於所事，報功於所養，不憚摧翼以鬻勇，不立垂枝以屈節。是鳥也，向之擬議，不亦宜乎！夫鸎與鳳，將感於仁，所不及也；雞與鶴，猶較其德，彼何有焉？」文中透出一種強烈的鬱勃之氣，顯

爲藉以抒胸中塊壘者也。故序寫於此間亦有可能。

《眉州康司馬挽歌詞》

《何考》開元二十五年：「詩云：『謫去長沙國，魂歸京兆阡。』當作於康司馬歸葬之時，疑在公出京之前。」《劉注》：「姑從其說。」眉州康司馬，其人不詳。與張九齡同時中「材堪經邦科」者康元瓌，不知是否即其人。

四月二十日，左遷荊州大都督府長史

《赴荊州長史制》：「門下：含弦光大，是爲國體；棄瑕錄用，乃曰朝經。金紫光祿大夫尚書右丞相上柱國始興縣開國子張九齡，幸以才術，特從任使，臺衡之地，受寄以深；端揆之職，增榮亦至。而不能乃心夙夜，與進用旋；慕近小人，虧於大德。素所引用，險詖遂彰。令於繆官自貽，可行荊州大都督府長史，散官勳封如故。即馳驛赴任，主者施行。開元二十五年四月二十日」（集本附）。

《舊紀》：二十五年「四月辛酉，監察御史周子諒上書忤旨，搒之殿庭，朝堂決杖，死之。甲子，尚書右丞相張九齡以曾薦引子諒，左授荊州長史。」《新傳》：「嘗薦長安尉周子諒爲監察御史，子諒劾奏仙客。其語援讖書，帝怒，杖子諒於朝堂，流瀼州，死於道。九齡坐舉非其人，貶荊州長史。」

《通鑒》卷二一四云：「開元二十五夏四月辛酉，監察御史周子諒彈牛仙客非才，引讖書爲證。上怒甚，命左右搒於殿庭；復蘇，仍杖之朝堂；流瀼州，至藍田而死。李林甫言：『子諒，張九齡所薦也。』甲子，貶九齡荊州長史。」四月乙巳朔，甲子爲二十日，與制同。

《荊州謝上表》

云：「伏奉四月十四日制：授臣荊州大都督府長史，聞命皇怖，魂膽飛越。即日戒路，星夜犇馳。屬小道所使多，驛馬先少，以今月八日至州禮上。」表疑上於本年五月間。

《登襄陽恨峴山》

《何考》：開元六年：「《登襄陽峴山》詩云：『逶迤春日遠，感寄客情多。』疑爲本年春還京途中作。」《劉注》從其說。按：本詩表現出濃重的失落感，不似開元六年徵赴京時情調，倒像貶荊州所作。

《登荊州城樓》

　　詩云：「夏日時登眺，荒郊臨故都。自罷金門籍，來參竹使符。」《何考》：「疑爲初到任時作。」從之。

《荊州作二首》、《登荊州城望江二首》

　　《何考》繫二詩開元二十五年荊州作，從之。

《晨出郡舍林下》

　　詩云「晨興步北林，蕭散一開襟。復見林上月，娟娟猶未沉。片雲自孤遠，叢筱亦清深。無事由來貴，方知物外心。」《劉注》：「此詩當是洪州任上所作，姑繫於開元十五年。」《何考》繫爲「貶荊州後所作」之一，但未言根據。按《紀事》卷二二言：「張曲江在荊州，有《晨出郡舍林下》詩云云。」明言在荊州，當必有據，從之。原集附郡司馬崔頌和詩：「優閑表政清，林薄賞秋成。江上懸曉月，往來虧復盈。天雲抗直意，郡閣晦高名。坐嘯應無欲，寧辜濟物情。」

《晨坐齋中偶而成詠》

　　《劉注》：「此詩當是開元十五年秋洪州任上所作。以詩中『徂歲方暌攜』可知也。何格恩《編年考》繫此詩於開元二十五年荊州任上作，無據，今不從其說。」按：據前二詩，此詩亦應爲貶荊州後作，從《何考》繫此。

《初秋憶金均兩弟》

　　《何考》：「《文苑英華》卷八九九《殿中監張九皋碑》云：『及元昆出牧荊鎮，公亦隨貶外臺，遂歷安康、淮安、彭城、睢陽四郡守。』安康即金州。按公二弟服闋後，便授京官。及公貶荊州，亦坐累出爲外官。大抵當時九皋在金州，九章在均州。故公詩曰：『憂喜嘗同域，飛鳴忽異林。』」從之繫本年七月。

《九月九日登龍山》

　　《何考》開元二十五年：「《元和郡縣志》卷二十八宣州當塗縣云：龍山在縣東南十二里，桓溫嘗與僚佐九月九日登此山宴集。此詩云：『東彌夏首闊，西拒荊門壯。』似與當塗之龍山無關。意荊州亦有龍山，而《晉書》卷九十八《桓溫傳》亦稱其嘗鎮荊州，故後人往往混爲一處也。」

本年秋，在荊州與王維有詩唱和

《編年史》開元二十五年：「秋，王維寄詩張九齡，深致同情。」《全詩》卷一二六《寄荊州張丞相》：「所思竟何在，悵望深荊門。舉世無相識，終身思舊恩。」九齡即致《答王維》：「荊門憐野雁，湘水斷飛鴻。知已如相憶，南湖一片風。」《答王維》：《劉注》：「此詩當是開元二十八年春由荊州南歸展墓途中所作。」《彭注》：謂「當作於開元二十五年（737）至二十七年九齡任荊州長史時。」從《彭注》，暫繫此下。

孟浩然為九齡闢為荊州幕僚，本年冬後與張九齡在荊州等地唱和，有《荊門上張丞相》、《陪張丞相祠紫蓋山途經玉泉寺》及《陪張丞相登當陽樓》、《陪張丞相自松滋江東泊渚宮》、《陪張丞相登荊州城樓因寄薊州張使君及浪泊戍主劉家》、《從張丞相遊南紀（當作紀南）城獵戲贈裴迪張參軍》諸作。並在冬間出使「江淮」。

《編年史》開元二十五年八月：「孟浩然自長安歸襄陽，有詩留別王維；復客張九齡荊州幕，有詩上張九齡。」下即引《全詩》卷一六○孟浩然《望洞庭湖上張丞相》詩為證，並言：「張丞相，張九齡，本年四月出為荊州長史。《新唐書·孟浩然傳》：『張九齡為荊州，闢置於府。』孟浩然本年夏始客張九齡荊州幕，參見本年冬條。」又於十二月言：「孟浩然客荊州幕，作詩上張九齡；張九齡祠紫蓋山途經玉泉寺，有詩，孟浩然從行，有和作。《全唐詩》卷一六○孟浩然《荊門上張丞相》：『共理分荊國，招賢愧不才。召南風更闡，丞相閣還開。……始慰蟬鳴柳，俄看雪間梅。四時年筭盡，千里客程催。』張丞相，張九齡。由詩知孟浩然於夏日「蟬鳴柳」之時來荊州。《全唐詩》卷四九張九齡有《祠紫蓋山途經玉泉山寺》詩。卷一六孟浩然《陪張丞相祠紫蓋山途經玉泉寺》：「望秩宣王命，齋心待漏行。」紫蓋山、玉泉寺在荊州當陽縣，見《輿地紀勝》卷七八。《唐會要》卷二二載，開元二十五年十月八日，以「三時不害，百穀用成」，遣使分祭五嶽四瀆。其各地各山大瀆，當亦由所在地官員致祭。故張九齡之祠紫蓋山，當在本年冬。」

按：1. 孟浩然《望洞庭湖上張丞相》言「八月湖水平」，《荊門上張丞

相》言九齡「招賢」是「始慰蟬鳴柳」在夏，哪有請求在後而先許辭之理？2.《荊門上張丞相》言，他接到張丞相招帖雖在夏，但起程卻在本年冬，「始慰蟬鳴柳，俄看雪間梅。四時年籥盡，千里客程催。」說得很清楚。言「孟浩然於夏日『蟬鳴柳』之時來荊州。」不確。其與張九齡在荊州唱和最早的一首詩是《陪張丞相祠紫蓋山途經玉泉寺》，應作於本年冬十月末或十一月初。回程寫《陪張丞相白松滋江東泊渚宮》已是「冬至日行遲」的冬末了。3. 孟浩然從襄陽出發到荊州江陵不必繞道洞庭湖，這也顯而易見。所以，《望洞庭湖上張丞相》的張丞相非張九齡，而應是開元三、四年間貶岳州刺史的張說。

孟浩然本年冬間約是奉張九齡之命出使「淮海」

《編年史》開元二十五年十二月：「孟浩然因公出使揚州，經彭蠡湖，望廬山，有詩。《全唐詩》卷一五九孟浩然《彭蠡湖中望廬山》：『我來限於役，未暇息微躬。淮海途將半，星霜歲欲窮。寄言巖棲者，畢趣當來同。』作於歲末。詩云『於役』，蓋因公出使。孟浩然一生未仕，惟本年客張九齡幕，故其出使當在本年。」

《登古陽雲臺》、《郢城西北有大古冢數十毀其封域多是楚時諸王而年代久遠不復可識唯直西有樊妃冢因後人為植松柏故行路盡知之》、《祠紫蓋山經玉泉山寺》、《詠史》、《敘懷》、《感遇十二首》、《雜詩五首》：

《何考》開元二十五年：「以上各詩皆為貶荊州後所作。」從之。

唐玄宗開元二十六年（公元738）戊寅

六十一歲

在金紫光祿大夫荊州大都督府長史任。

立春日作《立春日晨起對積雪》，詩人孟浩然同和。

九齡詩云：「今年迎氣始，昨夜伴春回……東郊齋祭所，應見五神來。」

《英華》卷一五四孟浩然《和張丞相春朝對雪》：「迎氣當春至，承恩喜雪來。」《舊紀》：「開元二十六年春正月丁丑，親迎氣於東郊，祀青帝。」詩當撰於本年正月立春日。

《賀赦表》

表云：「伏奉今月八日制恩，春郊展禮，惟新布澤。」《冊府》卷八

五：開元「二十六年正月丁丑，親迎氣於東郊，祀青帝，下制曰：……先有事於春郊，宜因展禮之辰，式布惟新之澤。其天下見禁囚，應犯罪者，特宜免死，配流嶺南，以下罪並放免。」又見《大詔令》卷七三。《舊紀》亦云：「二十六年正月……丁丑，親迎氣於東郊，祀青帝，制天下繫囚，死罪流嶺南，餘並放免。」九齡此表當爲賀開元二十六年正月丁丑（八日）東郊迎氣所發佈之大赦令而作。《何考》：開元二十七年：《舊唐書》九玄宗紀：『二十七年（二月）己巳，加尊號開元聖文神武皇帝，大赦天下。』」謂爲開元二十七年玄宗加尊號「聖文神武皇帝」大赦天下時所寫，誤。

《登臨沮樓》、《冬中至玉泉山寺屬窮陰冰閉崖谷無景及仲春行縣復往焉故有此作》

此二詩應作於本年春二月巡行屬縣，至當陽所作。

臨沮樓，臨沮縣城樓。臨沮，漢置縣，隋時廢，唐復置而又廢。其地在今湖北省當陽縣西北，唐時隸屬荊州轄下。《何考》開元二十六年：「《元和補志》四山南道・江陵府・當陽縣：『漢臨沮侯國故城在縣西北。（《後漢書》注）』《太平寰宇記》卷一四六荊門軍・當陽縣：『漢舊縣，屬南陽郡，即廣陽王子益之所封地，又爲臨沮侯國，今縣北有故址焉。』公詩云：『高深不可厭，巡屬復來過。』當作於本年仲春。」詩最早作於二十六年春，暫繫此。

《三月三日登龍山》

《何考》開元二十六年：「公於去年五月八日始到荊州，此詩最早當作於本年。」

《慶冊太子表》

表言：「臣待罪荊南……謹遣所部宣義郎、行枝江縣尉楊崇仙，奉表陳賀以聞。」作於荊州任內明矣。《舊紀》：開元二十六年「六月庚子，立忠王璵爲皇太子。秋七月己巳，冊皇太子，大赦天下。」《大詔令》卷二十九、《元龜》卷八五並錄《開元二十六年冊皇太子赦》。文當作於開元二十六年七月己巳（二日）後。

《編年史》開元二十六年：「冬，孟浩然客張九齡荊州幕，與九齡、裴迪同獵紀南城，又陪登當陽樓、泊楚宮，均有詩作。」下列孟浩然《從張丞相遊南紀（當作紀南）城獵戲贈裴迪張參軍》、《陪張丞

相登當陽樓》、《陪張丞相自松滋江東泊渚宮》、《陪張丞相登荊州城樓因寄薊州張使君及浪泊戍主劉家》三詩。

按：孟浩然在張九齡荊州幕，雖曾一度奉使「淮海」，但那是二十五年冬之事，《編年史》亦繫二十五年。二十六年立春日有《和張丞相春朝對雪》詩，《孟浩然集》此後未見夏秋與九齡唱和之作，無法證明他二十六年冬還在荊州幕。上三詩均應是開元二十五年冬所作。《編年史》二十五年亦言孟浩然「惟本年客張九齡幕。」本條與上自相矛盾。

唐玄宗開元二十七年（公元 739）己卯

六十二歲。

在金紫光祿大夫荊州大都督府長史任。

七月，進封始興縣開國伯、食邑五百戶

《封始興縣伯制》：「金紫光祿大夫荊州大都督府長史上柱國始興縣開國子張九齡，右可封始興縣開國伯、食邑五百戶。門下：稽古丕訓，封建諸侯，所以褒崇有德，為國之屏。金紫光祿大夫荊州大都督府長史上柱國始興縣開國子張九齡，宏才達識，資忠履信。或當樞近，早有令聞；或踐崇班，每成政績。……屬禮備徽稱，覃恩庶僚，宜加井邑之封，永固山河之業。率由典則，貽爾子孫，稅糧丁役，一皆除免。可依前件，主者施行。開元二十七年七月二十二日」（集本附）。

《大詔令》卷九開元二十七年冊尊號赦云：「其內外文武……三品以上賜爵一級，四品以下各加一階。」《何考》：「公之進爵，蓋以冊尊號推恩也。」

在荊州，與故人宋鼎有詩文唱和

《酬宋使君作》

宋使君，襄州刺史宋鼎。《曲江集》於此詩前附宋鼎原詩如下：「張丞相與余有孝廉校理之舊，又代余為荊州，故有此贈，襄州刺史宋鼎。」詩云：「漢上登飛憶，荊南歷舊居。已嘗臨砌橘，更睹躍池魚。盛德繼微眇，深衷能卷舒。義申蓬閣際，情坦廟堂初。郡挹文章美，

人懷燮理餘。皇恩倘照亮，豈厭承明廬。」按：《全唐詩》卷一百十三錄宋鼎此詩，題爲《贈張丞相並序》序云：「張丞相與余有孝廉校理之舊，又代余爲荊州，余改漢陽，仍兼按使，巡至荊州，故有此贈」（《紀事》二二略同）。

《宋使君寫眞圖贊並序》

序云：「初公舉茂才，歷長安尉，二爲御史，再入尚書郎。而竟以出守，俄復從邊，其故何哉？由抗直之爲患也。」查《顏魯公文集》卷十四《崔孝公陋室銘記》云：「公之澄清中外也，以畿縣尉宋鼎等，並以清白吏能而薦之。」《唐御史臺精舍碑題名》：殿中侍御史及監察御史內均有宋鼎；《郎官石柱題名》吏部員外郎內亦見。《元龜》卷四十八又云：「開元二十七年以廣州刺史持節嶺南經略使宋鼎爲潞州都督府長史。鼎以兄嘗臨慶州喪逝，上表陳情，乞移理他州，特詔許焉。」此贊之宋使君疑爲宋鼎。序又云：「時有族兄曰之望者，亦賈生之謫居，有顧君之畫絕。」查《元和姓纂》卷八弘農宋氏：「宋之望，改名之遜，荊州刺史。」《太平廣記》卷二六三《朝野僉載》云：「誅逆韋之後。之遜等長流嶺南。」同書又云：「洛陽縣令宋之遜性好唱歌，出爲連州參軍。」宋鼎爲廣平宋氏與宋之望是否有關係，尚屬疑問；而二十七年宋鼎出守廣州時，之望是否仍在嶺南，亦無從推測。以材料缺乏，暫繫於此，以俟續考（《何考》）。

《始興南山下有林泉嘗卜居焉荊州臥病有懷此地》

《何考》：開元二十七年：「此詩當作於南歸以前，暫排於本年之末，以俟續考。」

唐玄宗開元二十八年（公元 740）庚辰

六十三歲。

在金紫光祿大夫荊州大都督府長史任。

春，請南歸展墓，由荊州回韶州

徐碑云：「開元二十八年春，請拜掃南歸。」

《南山下舊居閑放》

南山，即始興縣之桂山，張九齡祖籍始興，祖居在焉。《何考》置開

元二十八年春展墓南歸曲江時。《劉注》亦謂：「此詩當是詩人晚年
之作。據溫汝適《年譜》：『開元二十八年庚辰，是年春展墓南歸。
五月七日卒於韶州之私第。』此詩當作於初返家鄉之時。」

《林亭詠》、《園中時蔬盡皆鋤理唯秋蘭數本委而不顧彼雖一物有足悲者遂賦
二章》、《題畫山水障》

　　《何考》開元二十八：「以上各詩疑南歸後在家閒居時所作。」《劉注》
　　於《題畫山水障》亦言：「開元二十八年拜掃南歸居家所作。」從之。

五月七日，卒於韶州曲江之私第。朝廷贈之荊州大都督，諡曰：文獻（《舊
傳》各本均作「文憲」，當誤）。

　　《徐碑》云：「五月七日，遘疾薨於韶州曲江之私第，享年六十三。
　　皇上震悼，贈荊州大都督，有司諡行曰文獻公。」

天寶十五年，「玄宗至蜀，恨不從九齡之言（指九齡請誅安祿山），遣中
使至曲江祭醊之」（《會要》卷五一）。

德宗建中元年（公年780）十一月乙丑

追贈司徒。

　　《舊紀》：建中元年十一月「乙丑，贈敬暉等五王官，又贈張九齡司
　　徒。」

　　《會要》卷五十一：「至建中元年十一月五日上以九齡先睹未萌，追
　　贈司徒。」

十二月丁酉，又定國初以來將相功臣，名跡崇高，功效明著者一百八十
七人為二等，定張九齡等三十七人為武德以來宰相之上等。

　　《冊府》卷一三三：「建中元年十二月丁酉，令詳定國初已來將相功
　　臣，名跡崇高、功效明著者為二等，總一百八十七人。武德已來宰
　　相以房玄齡、杜如晦……韓休、張九齡三十七人為上等。」

　　《會要》卷四十五：「建中元年十二月敕國初以來將相功臣，名跡崇
　　高，功效明著者，宜差次分為二等（《舊紀》作三等））。其月，定武
　　德已來宰臣，以房玄齡、杜如晦……韓休、張九齡三十七人為上等」
　　（《玉海》卷一百三十五同）。

宣宗大中二年七月十一日，中書令張九齡被定為史館續選，令御史臺散牒諸州，尋訪子孫，圖寫真形進送，堪上凌煙閣功臣三十七人之一。

《會要》卷四十五：大中二年，「其年七月十一日，史館奏續選堪上凌煙閣功臣……中書令張九齡……宜令御史臺散牒諸州，尋訪子孫，圖寫真形進送。」

後　記

　　我是湖北人，我的家在武漢市的江夏（原武昌縣）。我從大學一畢業就在湖北咸寧師專工作，在那裏，完成了我的學術成長過程，也把我的前半生獻給了這裏的山山水水。對咸寧這個地方，我至今仍有些割不斷、放不下。這不僅是因為我在這裏工作的時間長，更重要的是，這裏有我曾在一起摸爬滾打的患難兄弟，有扶助、支持、援助過我的同事好友，也有引導我奮勇向前的領導前輩，當然，更多的是我的學子門生。雖然他們當中，有的已經離開我們很遠，但他們都活在我的心裏。時光之流的沖刷，不但沒有磨蝕掉他們在我心中的影像，相反，更增加了我對他們的思念之情。

　　從湖北南來，在南方，我見到的最大的樹是榕樹，大榕樹幾乎將我的心完全征服。我曾仿朱熹夫子《觀書有感》作了一首榕樹禮贊的小詩，中言：「問渠哪得蔭如此，落地為根抱土親。」由榕樹的「落地為根抱土親」，使自己想到既從湖北來到廣東，我也要把我的後半生獻給廣東，要在這方沃土裏紮根、成長，就像榕樹一般落地為根，抱土而親。在湖北，因曾長期從事唐代文化名人研究，張九齡是本土曲江名人，向被譽為開元名相，嶺南一人，其政治文化地位，中國歷史上少有人可比；又見其《曲江集》一直沒有一個完整的整理本，於是便萌發了研究張九齡及其《曲江集》的念頭。數載寒暑，一仍其舊，除前發表的幾篇論文之外，現在呈現於大家面前的《張九齡年譜新編》，應該算是我這項研究工作的又一個總結性成果。

　　在張九齡《曲江集》整理接近尾聲，《張九齡年譜新編》即將付梓之際，我想得最多的當然是自己。

　　我家祖上是農民，我們家雖從農村遷了出來，我也曾在城裏讀書，但「文

革」一開始，我們「老三屆」就全被下放到農村接受「再教育」。我被下放農村多年，我最好的讀書時光，就是在面朝黃土背朝天的農村艱難度過的，可以說我是一個從農村黃土堆裏爬出來的「教授」。今天，能夠在神聖的學術園地裏有自己的點滴收穫，相對於我的同齡人來說，應該是非常幸運的。《張九齡年譜新編》雖然創獲無多，但它卻凝聚着我和我全家南來的激情、熱望和數載辛勤勞作所流下的汗水。因此，在它即將面世之際，我首先要衷心感謝的是無私的歷史老人。一生當中，是她老人家毫不吝嗇地給了我一個又一個機會。當年如果不是她給機會讓我離開農村去上大學，我的學術生命還不知要在農村耗多久；如果不是她給我在高校工作的機會，我也就當不了教授，搞不成學術研究……張九齡及其《曲江集》研究，也是到廣東後她老人家賜給我的又一個千載難逢的良機。如果不是來到韶關，來到張九齡的家鄉，也許就得不到這個良機。所以，我也想借拙著在貴社出版付梓之機，對熱情接納我們的韶關這方熱土致以衷心的感謝。

熊　飛

二〇〇五年十一月一日

於事可爲齋

再版附記

　　拙著得以在臺再版，首先要感謝花木蘭文化出版社高小娟社長及北京連絡處楊嘉樂博士，是他們與我提供了這個認識臺灣學人的機會。本次再版，本可以重新編纂，但這是我此項研究的第一個作品，我一不想掩飾它的不成熟，同時也想示同好以爲學之艱辛，故僅作了些改錯刪重及統一體例之工作，特此謹記。

二〇一二年五月五日於事可爲齋